CAMINHO DE INICIAÇÃO À VIDA CRISTÃ

Quarta Etapa
CADERNO DO CATEQUIZANDO

Diocese de Caxias do Sul

CAMINHO DE INICIAÇÃO À VIDA CRISTÃ

Quarta Etapa
CADERNO DO CATEQUIZANDO

EDITORA VOZES

Petrópolis

© 2015, Editora Vozes Ltda.
Rua Frei Luís, 100
25689-900 Petrópolis, RJ
www.vozes.com.br
Brasil

1ª edição, 2015.

6ª reimpressão, 2022.

Todos os direitos reservados. Nenhuma parte desta obra poderá ser reproduzida ou transmitida por qualquer forma e/ou quaisquer meios (eletrônico ou mecânico, incluindo fotocópia e gravação) ou arquivada em qualquer sistema ou banco de dados sem permissão escrita da editora.

CONSELHO EDITORIAL

Diretor
Gilberto Gonçalves Garcia

Editores
Aline dos Santos Carneiro
Edrian Josué Pasini
Marilac Loraine Oleniki
Welder Lancieri Marchini

Conselheiros
Francisco Morás
Ludovico Garmus
Teobaldo Heidemann
Volney J. Berkenbrock

Secretário executivo
Leonardo A.R.T. dos Santos

Revisão: Jardim Objeto
Projeto gráfico e diagramação: Ana Maria Oleniki
Capa: Ana Maria Oleniki
Ilustrações: Daniel de Souza Gomes

ISBN 978-85-326-5060-3

Este livro foi composto e impresso pela Editora Vozes Ltda.

Sumário

Apresentação 7

Meta a ser alcançada 11

Passos do caminho 13

Leitura Orante da Palavra 14

1º Encontro: Somos um grupo de discípulos que caminha com Jesus ...17

2º Encontro: Minha história de fé 21

3º Encontro: Ser cristão é uma opção de vida 25

4º Encontro: Ser cristão é viver em comunhão.............................29

5º Encontro: Minhas relações familiares 33

6º Encontro: "As comunidades"e a comunidade de fé 37

7º Encontro: Deus visita o seu povo 41

8º Encontro: Com Maria, mulher, se realiza a esperança do povo 45

9º Encontro: Advento: Caminho de conversão 49

10º Encontro: Reencontro:"Convertei-vos e crede no Evangelho" 53

11º Encontro: Campanha da Fraternidade 57

12º Encontro: Reconciliação na vida cristã 61

13º Encontro: O plano de Deus na história da salvação 65

14º Encontro: Tríduo Pascal 69

15º Encontro: A Vida nova em Jesus Ressuscitado 73

16º Encontro: Creio no Espírito Santo 77

17º Encontro: Os frutos do Espírito Santo na vida do cristão 81

18º Encontro: Sacramento da Confirmação 85

19º Encontro: Confirmados no Espírito para sermos a Igreja de Jesus 90

20º Encontro: Confirmados no Espírito para promovermos a vida 95

21º Encontro: Confirmados no Espírito para sermos missionários 99

22º Encontro: Confirmados no Espírito para vivermos a presença
de Deus no amor humano 103

23º Encontro: Confirmados no Espírito para sermos fortes nas
adversidades da vida 107

24º Encontro: Confirmados no Espírito somos jovens cristãos 111

25º Encontro: Meu projeto de vida 115

26º Encontro: Jovem cristão evangeliza jovem 119

ANEXOS – ENCONTROS COMPLEMENTARES 123

1º Encontro: Projeto pessoal de vida 125

2º Encontro: Projeto pessoal de vida e opção vocacional 130

3º Encontro: Dízimo, caminho de conversão 136

Orações do cristão 139

Apresentação

A Diocese de Caxias do Sul apresenta e oferece este caderno a você, catequizando. Ele foi pensado para que você possa acompanhar melhor os encontros de catequese. Ele não é um manual de catequese, mas um caderno que possibilita mais facilmente acompanhar o processo catequético e manter viva a memória dos encontros. Nele você poderá escrever o que for necessário: as orações, as anotações pessoais de cada encontro, a partir da orientação do catequista.

Ele acompanha o mesmo esquema dos encontros do *Livro do Catequista*. No final do caderno se encontram as orações que, como cristãos, somos convidados a rezar, os mandamentos, sacramentos e pecados capitais. Será, também, por meio deste caderno que você poderá conversar com seus familiares e juntos vivenciar os compromissos assumidos no encontro de catequese. Enfim, é um caderno de apoio para seus encontros de catequese e serve como orientação para a vida de fé.

A catequese que propomos é *Caminho de Iniciação à Vida Cristã* baseada na Palavra de Deus. Esta conduz você, catequizando, a um encontro com Jesus Cristo vivo, na sua vida e na comunidade, para ser discípulo missionário na Igreja e na sociedade.

Desejamos que todos os catequizandos façam bom proveito deste material.

Equipe de Animação Bíblico-Catequética
Diocese de Caxias do Sul

Dados Pessoais

Nome:

Endereço

Rua: Nº:

Telefone residencial ou celular:

E-mail:

Nome dos pais ou responsáveis:

Comunidade a que pertence:

Paróquia:

Nome do catequista:

Anotações

Meta a ser alcançada

*C*om esta Etapa, desejamos despertar nos catequizandos o compromisso de ir se inserindo na comunidade paroquial e nas pastorais, com ações concretas voltadas para as pessoas, para a promoção e valorização da vida. Para tanto, propõe-se continuar a pedagogia de uma catequese de Iniciação à Vida Cristã, envolvendo catequizandos, catequistas, pais e toda a comunidade.

Esta Quarta Etapa é mais um passo do *Caminho de Iniciação à Vida Cristã* no qual se celebra o Sacramento da Confirmação. No entanto, o caminho é para a vida inteira. Após a celebração do Sacramento da Confirmação, inicia o tempo da responsabilidade pessoal para continuar o Caminho da Vida Cristã, para o que se faz necessário:

* Prosseguir o seguimento do discipulado na vivência dos tempos fortes do ano litúrgico.

* Fortalecer a participação nas celebrações litúrgicas como centro e alimento da vida cristã e do compromisso missionário.

* Reconhecer e acolher a presença e a força do Espírito Santo na vida, na fé e na maturidade espiritual do cristão.

* Celebrar o dom do Espírito Santo que orienta, dá força para o cristão, ajuda a formar o Corpo de Cristo e participar na construção do Reino de Deus.

Anotações

Passos do caminho

a. O catequizando é inscrito na primeira etapa da catequese para a Iniciação Cristã na idade de nove anos, seguindo sucessivamente os quatro anos sem necessidade de novas inscrições.

b. A catequese acompanhará o ano litúrgico, desvinculado do ano civil. Iniciará no mês de outubro.

c. Férias: a partir da metade de dezembro até o fim de fevereiro.

d. O reinício dos encontros, no ano seguinte, ocorre no fim de fevereiro ou no início de março, na primeira semana da quaresma, acompanhando o caminho do ano litúrgico, da quaresma e da Páscoa, dando especial atenção ao tríduo pascal. Segue-se com o caminho do ano litúrgico até a metade de setembro.

e. Os encontros catequéticos estão elaborados para facilitar a sintonia, o acompanhamento e a vivência do ano litúrgico. Seguem o método "Jesus, Verdade, Caminho e Vida", e desenvolverão atividades e dinâmicas que envolvam os catequizandos, os pais e a comunidade.

f. Os encontros de catequese não terminam com a celebração do Sacramento da Eucaristia e da Crisma, mas continuam após a celebração do Sacramento até concluir o ano catequético.

g. Os pais ou responsáveis devem acompanhar seus filhos no Caminho da Iniciação à Vida Cristã, mostrar interesse, participar juntos nas celebrações da comunidade e ajudá-los na vivência da fé.

h. O espaço *Anotações Pessoais* está reservado para o registro do compromisso ou tarefas, comunicações e lembretes.

Leitura Orante da Palavra

Na proposta de catequese para o Caminho de Iniciação à Vida Cristã, optamos pelo método da Leitura Orante. Este método ajuda a assimilar o que a mesma Bíblia diz em Dt 30,14: "A Palavra está muito perto de ti: na tua boca e no teu coração, para que a ponhas em prática".

Como se faz a LEITURA ORANTE DA PALAVRA?

Antes de tudo, a atitude é colocar-se à luz do Espírito de Deus e pedir sua ajuda. São quatro os passos da Leitura Orante da Bíblia: Leitura, Meditação, Oração, Contemplação.

1º Passo

Leitura atenta do texto, feita várias vezes

De acordo com Dt 30,14 "A Palavra está muito perto de ti: na tua boca e no teu coração, para que a possa colocar em prática". Aqui descobrimos o que o texto diz em si mesmo.

O que diz o texto?

- ★ Considerar o sentido de cada frase.
- ★ Destacar os personagens, as imagens, os verbos, as ações.
- ★ Repetir alguma frase ou palavra que mais chamou a atenção.

2º Passo

Meditação

É uma forma simples de meditação. É o momento de saborear o texto com cores e cheiros de hoje, da nossa realidade.

O que o texto me diz?

⭐ Ruminar, trazer o texto para a própria vida, a realidade pessoal e social.

⭐ O que Deus está me falando?

⭐ Que conversão me pede?

⭐ Atualizar a Palavra para a realidade do lugar, do grupo, do momento.

3º Passo

Oração

O terceiro passo é a oração pessoal que desabrocha em oração comunitária, expressão espontânea de nossas convicções e sentimentos mais profundos.

O que o texto me faz dizer a Deus?

⭐ Formular a oração, suplicar, louvar a Deus, dialogar com Deus.

⭐ Rezar com um salmo que expresse o sentimento que está em cada um e no grupo.

4º Passo

Contemplação

Olhar a vida com os olhos de Deus. É o transbordamento do coração em ação transformadora: "Para que ponhas em prática"(Dt 30,14). Contemplar não é algo intelectual, que se passa na cabeça. É um agir novo que envolve todo nosso ser.

✯ A partir deste texto, como devo olhar a vida, as pessoas e a realidade?

✯ O que devo fazer de concreto?

✯ O que ficou em meu coração e me desperta para um novo modo de ser e de agir?

✯ Em quê esta Palavra me ajuda a ser mais discípulo e discípula de Jesus?

1º Encontro

Data   /   /

Somos um grupo de discípulos que caminha com Jesus

Somos um grupo de discípulos que caminha com Jesus. Para pertencer ao grupo dos seguidores de Jesus, como cristão, é necessário conhecer quem é Jesus e quais são as ideias que estão expressas no Evangelho. Viver no seguimento de Jesus requer convicção e colocar seu ensinamento na prática de cada dia.

Shutterstock

1 Momento de acolhida e oração

Este é o primeiro encontro da quarta etapa da Iniciação à Vida Cristã. Em silêncio, cada um peça ao Senhor que o fortaleça para continuar o caminho de seguimento a seu filho Jesus. É importante lembrar que este caminho é trilhado com os colegas, o catequista, a comunidade.

- Em sinal da unidade na caminhada e disposição para ajudarem-se uns aos outros a perseverar neste caminho, rezar juntos: Pai-Nosso.
- Refletindo sobre o nosso chamado para seguir Jesus cantar, do Pe. Zezinho, a música: *Um certo Galileu*.

2 Jesus Verdade! Ajuda-me a conhecer a Tua Palavra

- Leitura do texto bíblico: Lc 9, 18-25.
- Reler mais uma vez.
- Para refletir e partilhar:
    - O que Jesus estava fazendo?
    - Qual é a pergunta que Jesus faz aos discípulos?
    - Como acontece o diálogo?

3 Jesus Caminho! Abre meu coração para acolher a Tua vontade

- Qual a lição que tiramos desta Palavra de Jesus?
- O que aprendemos?
- Destaque uma recomendação prática que Jesus dá para os que querem segui-lo.

4 Jesus Vida! Fortalece a minha vontade para viver a Tua Palavra

- Qual a oração que nasce em nosso coração a partir deste texto que lemos?

- Rezar juntos o Salmo 15 da Bíblia.

5 Compromisso

⊘ Em dupla, fazer uma entrevista para algumas pessoas, fazendo estas perguntas:

- Quem é Jesus para as pessoas, no mundo de hoje?
- E para você, quem é Jesus?

Lembrete

Para o próximo encontro, trazer algum objeto religioso que expressa o caminho de fé pessoal e de sua família (orações, terço, imagens, fotos...).

6 Compreendendo a missa

A liturgia eucarística na missa começa com a preparação das oferendas, a preparação da mesa, colocando os dons do pão e do vinho sobre o altar, que se transformarão em Corpo e Sangue do Senhor Jesus. São frutos da terra e do trabalho humano. Simbolizam toda a realidade humana de alegrias e sofrimentos, sonhos e esperanças. Neles reconhecemos a bondade de Deus em criar tudo e a capacidade humana de transformar as coisas, colaborando com a criação. Quando há a procissão dos dons, pode-se cantar. Depois, o sacerdote reza bendizendo pelo pão e pelo vinho. "Bendito sejais, Senhor, Deus do universo, pelo pão, pelo vinho, que recebemos de vossa bondade..." O povo pode responder apenas cantando ou rezando: "Bendito seja Deus para sempre".

Anotações Pessoais

Data / /

Minha história de fé

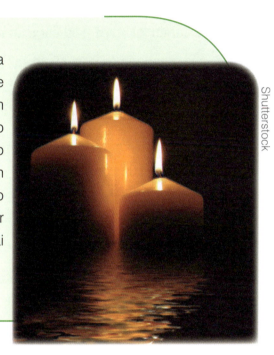

Nós somos feitos para Deus. Acreditamos que Ele é presença permanente em nossa vida. Desde o nosso batismo, o dom da fé, como uma semente, foi lançado em nós e vai crescendo ao longo de nossa vida. Devemos ter a certeza de que Deus vai nos aperfeiçoando.

1 Momento de acolhida e oração

- Iniciar com o sinal da cruz.
- Partilhar o resultado do compromisso do encontro passado e conversar sobre o ensinamento que a atividade proporcionou a cada um.
- Iniciando a conversa:

A reflexão proposta para este encontro tem como tema: "Minha história de fé". Fé é abertura para Deus, confiança Nele, atitude de se apoiar em sua força e sua segurança. Ter fé é, acima de tudo, aceitar a Cristo como evangelho do Pai e comprometer-se na missão de evangelizar.

2 Jesus Verdade! Ajuda-me a conhecer a Tua Palavra

- Leitura do texto bíblico: Fl 3, 7-14.
- Para refletir e partilhar:
    - Repetir palavras que são ditas no texto.
    - O que São Paulo quer dizer quando afirma: "considero tudo uma perda?"

3 Jesus Caminho! Abre meu coração para acolher a Tua vontade

- O que aprendemos desta Palavra?
- Como é ter fé em Jesus, hoje?
- O que esta Palavra nos pede para ver? Anote suas conclusões.

_____
_____
_____
_____
_____

4 Jesus Vida! Fortalece a minha vontade para viver a Tua Palavra

- Em silêncio, cada um reze a Deus. O que vou dizer a Deus a partir da Palavra que hoje refletimos?

_____
_____
_____
_____

- Rezar juntos o Salmo 27 da Bíblia. Após ter rezado, destacar palavras e frases do Salmo.
- Cantar a música proposta por seu catequista.

5 Compromisso

- ❯ Qual é o gesto concreto de conversão que vamos assumir?

- ❯ Fazer, com ajuda dos pais, numa folha, a linha do tempo da história de fé da família. Citar fatos, acontecimentos, doença, morte, nascimento, casamento, provações, perdas, que exigiram uma resposta de fé na vida da família.

6 Compreendendo a missa

Durante a preparação das oferendas, os fiéis são motivados a levar sua oferenda até os pés do altar. Pode ser dinheiro, alimento, outras ofertas ou apenas se ofertar a si mesmo. É um belo gesto de partilha entre os irmãos. Expressa a incorporação do sacerdócio comum dos fiéis ao sacerdócio de Cristo, povo sacerdotal que oferece e se oferece.

Esse momento ritual ainda é acompanhado pela mistura de um pingo de água no vinho. Este simboliza a união da divindade da pessoa de Jesus com a nossa humanidade. O gesto do sacerdote de lavar as mãos expressa seu desejo interior de purificação. A oração sobre as oferendas expressa a incorporação da comunidade ao sacrifício redentor de Cristo. As oferendas têm sentido pelo que está para acontecer: "Receba, ó Senhor, este sacrifício, para a glória de seu nome, para o nosso bem e de toda a Santa Igreja." Conclui-se a preparação das oferendas e em seguida reza-se a Oração Eucarística.

Anotações Pessoais

Data / /

3º Encontro

Ser cristão é uma opção de vida

Ser cristão não é uma imposição. Cada um deve fazer sua escolha. Seguir Jesus e se comprometer com Ele exige que nos decidamos a viver, com alegria e entusiasmo, os valores do Evangelho.

1 Momento de acolhida e oração

- Iniciar cantando o sinal da cruz.
- Para conversar:
  - Como você e seus colegas compreendem a expressão "opção de vida"?

A opção é a escolha fundamental para vida, forma decisiva de vivê-la, por um ou outro caminho. É a adesão a uma causa que orienta toda a existência. É o ideal que abre horizontes para o bem. A pessoa necessita de um processo de amadurecimento, através do qual ela vai escolhendo, de acordo com os valores que cultiva em si. A opção por Cristo nos torna cristãos. É escolher e viver as atitudes e os sentimentos iguais de Jesus Cristo. Ser um cristão é uma escolha, uma opção de vida que fazemos em cada momento da existência humana.

2 Jesus Verdade! Ajuda-me a conhecer a Tua Palavra

- Leitura do texto bíblico: Lc 14,15-24.
- Para refletir e partilhar:
  - Qual a parábola que Jesus conta?
  - Que desculpas os convidados dão para não participarem do banquete?
  - Quem são os convidados que aceitam o convite?

3 Jesus Caminho! Abre meu coração para acolher a Tua vontade

- Quais são as opções que aparecem no texto?
- Em nossa vida, damos muitas desculpas?
- Para entender o que é uma opção de vida cantar a música *Vocação*, do Pe. Zezinho. Depois, responder:
  - O que este canto nos ensina a partir do encontro de hoje?

_____

_____

_____

_____

_____

4 Jesus Vida! Fortalece a minha vontade para viver a Tua Palavra

- O que a Palavra de Deus que hoje ouvimos, nos faz dizer a Deus?

_____

_____

_____

_____

_____

- Que oração fazemos a Deus em nosso coração? (Fazer silêncio)

❯ Rezar juntos:

Diante da imagem de Jesus que está no meio de nós, peçamos a São Francisco que nos ajude a ser instrumentos da paz, ou seja, Ele nos inspire como deixar que Jesus se sirva de nós para fazer o bem, para promover a paz e para fazermos escolhas certas.

5 Compromisso

❯ Sugestão de atividade: Fazer um cartaz "opção de vida", com nomes, gravuras de pessoas que sofreram o martírio por optarem em ser cristãos. Também pode-se encontrar notícias que relatam a perseguição e a violência sofridas por cristãos no mundo por causa da fé.

6 Compreendendo a missa

Terminada a preparação das oferendas, inicia a Oração Eucarística. Inicia com o diálogo introdutório do Prefácio entre o presidente da celebração e a assembleia, animada pelo Espírito, para que esta tome consciência de que é a ação de todos: "O Senhor esteja convosco" – "Ele está no meio de nós." Então a assembleia unida pela presença do Senhor (cf. Mt 18,20), pode prosseguir: "Corações ao alto"–"O nosso coração está em Deus". A liturgia requer seres humanos integrados para o culto divino. A Deus se ama com todo o coração, com toda a alma e toda a força (cf. Dt 6,4). Uma vez assegurado que o coração está em Deus, vem o terceiro elemento, o convite a dar graças a Deus pela história da salvação: "Demos graças ao Senhor, nosso Deus" – "É nosso dever e nossa salvação." É nossa vocação dar graças a Deus pelo dom da vida, pela aliança que o Senhor faz conosco, apesar de nossas infidelidades.

Anotações Pessoais

Ser Cristão é viver em comunhão

Ninguém pode ser cristão sincero e verdadeiro sem estar unido aos outros que optaram pela mesma fé. A vida do cristão é vida em comunhão de fé, pois em comunidade crescemos na adesão a Jesus Cristo. É vida em comunhão de caridade, pois junto com os outros precisamos agir na construção de um mundo fraterno e justo.

1 Momento de acolhida e oração

- Iniciar cantando três vezes o sinal da cruz.
- Partilhar o compromisso do encontro anterior apresentando e explicando o cartaz sobre "Opção de vida". Após, conversar sobre as possibilidades e dificuldades em ser cristão.
- Iniciando a conversa:

O tema do encontro nos fará perceber que ser cristão é viver em comunhão, pois partilhamos a mesma fé e somos convidados a viver no espírito de fraternidade e solidariedade que Jesus nos propõe e nos inquietam.

- Para entender melhor vamos cantar: *Jesus Cristo me deixou inquieto*, do Pe. Zezinho. Depois, conversar sobre:
  - Por que depois de conhecer os ensinamentos de Jesus o nosso olhar sobre as coisas e o mundo muda?
  - O que significa a frase: "Coração daquele que tem fé vai mais longe, bem mais que seu pé"?

2 Jesus Verdade! Ajuda-me a conhecer a Tua Palavra

- Leitura do texto bíblico: Col 3,5-17.
- Para refletir e partilhar:
  - Destacar palavras e expressões que mais chamaram sua atenção.

3 Jesus Caminho! Abre meu coração para acolher a Tua vontade

- O que este texto tem a ver com a nossa vida, nos tempos de hoje?

_____

_____

_____

_____

4 Jesus Vida! Fortalece a minha vontade para viver a Tua Palavra

- O que esta Palavra que ouvimos me faz dizer o Deus?
- Que oração (de louvor, perdão ou súplica) brota do meu coração?
- Rezar uma Ave-Maria, pedindo a mãe de Jesus e nossa, que nos ensine a entender o sentido cristão de viver em comunidade.
- Cantar: *Os cristãos tinham tudo em comum.*

5 Compromisso

- Qual é o gesto concreto de conversão que vamos assumir?
- Nossa família participa da comunidade? Por quê?
- Participar em algum momento da comunidade nesta semana.

- Depois escrever qual foi a experiência vivida. Caso você já participe da comunidade, escolher um momento para relatar.

6 Compreendendo a missa

A ação de graças, na Oração Eucarística, é expressa de modo particular no Prefácio, momento "em que o sacerdote, em nome de todo o povo santo, glorifica a Deus e lhe rende graças por toda a obra da salvação ou por um de seus aspectos, de acordo com o dia, a festividade e o tempo" (IGMR 79, a). O louvor dirige-se ao Pai e se concentra em anunciar algum aspecto da história da salvação: "Na verdade é justo e necessário, é nosso dever e salvação, dar-vos graças sempre e em todo lugar...". Eucaristia é isso, dar graças e bendizer a Deus. Animados pelo espírito do Ressuscitado, a assembleia dos convocados dá graças ao Deus de Jesus.

Anotações Pessoais

Data / /

5º Encontro — Minhas relações familiares

Nossos vínculos familiares precisam ser permanentemente avaliados a fim de que tudo concorra para que na família cresça o mútuo apoio, a serenidade de ânimo e a compreensão. Na família, devemos desenvolver o respeito pelas pessoas, suas ideias e seu jeito de viver.

1 Momento de acolhida e oração

- Saudar o Deus Trindade com o sinal da cruz.
- Seguindo a orientação do catequista participe das atividades que ajudarão a compreender como os valores do Evangelho contribuem para uma vida familiar saudável, como também, a importância de seu papel e contribuição na família.

2 Jesus Verdade! Ajuda-me a conhecer a Tua Palavra

- Leitura do texto bíblico: Lc 2,41-52.
- Para refletir e partilhar:
    - O que aconteceu com Jesus?
    - Qual foi a reação de Jesus frente a sua família? Por quê?

3 | Jesus Caminho! Abre meu coração para acolher a Tua vontade

- O que este texto traz de inspiração para minha vida em família, mesmo que ela não seja a família dos meus sonhos?

- O que eu posso fazer para mudar a vida em minha família?

4 | Jesus Vida! Fortalece a minha vontade para viver a Tua Palavra

- O que eu quero pedir ou louvar a Deus neste momento, a partir da leitura e reflexão deste texto bíblico?

- Fazer preces espontâneas. Após cada prece repetir: *Jesus, tem piedade da minha família!*

- Rezar juntos o Salmo 141 da Bíblia.

5 | Compromisso

- Formar dois grupos:
  - Um grupo entrevista os pais e pergunta: Como está o relacionamento familiar, as dificuldades e os desafios?
  - O outro grupo entrevista adolescentes e faz a mesma pergunta. Trazer para o próximo encontro.

❯ A partir do que foi aprendido neste encontro, o que pode fazer para garantir o bom relacionamento na família?

_____

_____

_____

_____

_____

_____

6 Compreendendo a missa

A conclusão do Prefácio apresenta a união da assembleia terrestre com a celeste, como por exemplo: "Por ele, os anjos celebram vossa grandeza e os santos proclamam vossa glória. Concedei-nos também a nós associar-nos a seus louvores, cantando a uma só voz". E proclamam sem parar (cf. Ap 5,8): "Santo, Santo, Santo, é o Senhor, Deus do universo, o céu e a terra estão cheios de vossa glória. Hosana nas alturas. Bendito o que vem em nome do Senhor. Hosana nas alturas". (Ap 5,8). Terra e céu, assembleia terrestre e celeste, em uma única voz para louvar e bendizer o Santo dos Santos, que está sentado no trono, e ao Cordeiro (cf. Ap 7,9). O Santo deve ser cantado por povo, junto com o sacerdote.

Anotações Pessoais

Data / /

"As comunidades" e a comunidade de fé

Em todas as formas de agrupamentos humanos pode haver crescimento de relações fraternas e solidárias. Na comunidade de fé, que se concretiza na Igreja, esta realidade, porém, se torna um compromisso de vida no estabelecimento dos valores do Evangelho no seio da sociedade humana.

1 Momento de acolhida e oração

- Saudar a Santíssima Trindade, cantando: *Em nome do Pai, do Filho e do Espírito Santo!*
- Partilhar o compromisso assumido no encontro anterior (entrevista).

2 Jesus Verdade! Ajuda-me a conhecer a Tua Palavra

- Leitura do texto bíblico: Mt 13,44-50.

❯ Para refletir e partilhar:

- Do que Jesus está falando?
- Que palavra ou expressão chamou a sua atenção?
- O que seria o "tesouro escondido"?

3 Jesus Caminho! Abre meu coração para acolher a Tua vontade

❯ O que Jesus quer dizer com estas duas parábolas? Qual o ensinamento que Ele nos dá?

❯ Como escolher entre as diversas comunidades que existem?

❯ Onde está o verdadeiro tesouro?

❯ Anote suas respostas.

_____

_____

_____

_____

_____

❯ Aprenda com seu catequista o canto _Balada por um Reino_ (Pe. Zezinho). Ele ajuda a entender o que é o Reino que Jesus fala no texto bíblico que foi lido e refletido neste encontro.

4 Jesus Vida! Fortalece a minha vontade para viver a Tua Palavra

❯ Cada um, em silêncio, faça sua oração a Deus conforme a Palavra inspirou.

_____

_____

_____

_____

_____

❯ Rezar o Pai-Nosso.

5 | Compromisso

- Em grupo, fazer um cartaz com o nome da comunidade de fé que participam, escrevendo os serviços ou trabalhos que existem e estão organizados na comunidade.

- Perceber se existe grupo de jovem na comunidade e como está organizado. Se não existe, perguntar-se o porquê.

- Combinar para o próximo encontro: Durante a semana, providenciar recortes de jornais e revistas que comunicam a chegada do Natal (comércio, ofertas, promoções).

6 | Compreendendo a missa

Outro elemento que compõe a Oração Eucarística é a"epiclese", isto é "invocação sobre", as oferendas do pão e do vinho e da comunidade convocada por Deus. Na epiclese sobre as oferendas, a Igreja, por meio do sacerdote, pede ao Espírito Santo que transforme o pão e o vinho em Corpo e Sangue de Cristo, alimento espiritual para nossa caminhada rumo ao céu e fonte de unidade entre os irmãos. "Na verdade, ó Pai, vos sois santo e fonte de toda santidade. Santificai, pois, estas oferendas, derramando sobre elas o vosso Espírito, a fim de que se tornem para nós o Corpo e Sangue de Jesus Cristo, vosso Filho e Senhor nosso" (Oração Eucarística II). E pede ao Espírito que transforme todos aqueles que participam da Eucaristia em um só corpo e um só Espírito. A epiclese sobre a assembleia vem depois da obração.

Anotações Pessoais

Data   /   /

7º Encontro

Deus visita o seu povo

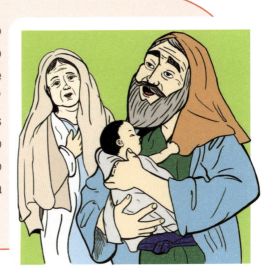

O tempo do advento nos ajuda preparar bem o Natal. É uma oportunidade para "ir criando um clima" que nos faça sentir que Deus vem a nós, apresentando seu projeto de amor fraterno e nos mostrar o caminho da felicidade verdadeira.

1 Momento de acolhida e oração

- Iniciar com o sinal da cruz.
- Conversar sobre o compromisso do encontro anterior seguindo as orientações do catequista.
- Iniciando a conversa:
   - Trocar opiniões sobre o Natal cristão e o consumismo que o envolve, as razões que levam a isso.
- Após, cantar juntos contemplando a imagem do menino Jesus.

2 Jesus Verdade! Ajuda-me a conhecer a Tua Palavra

- Leitura do texto bíblico: Lc 1,67-79.

❷ Para refletir e partilhar:

- Quem era Zacarias?
- De que fala a oração que Zacarias fez?
- Destacar os verbos que estão no texto.

3 Jesus Caminho! Abre meu coração para acolher a Tua vontade

❷ Converse com seus colegas sobre as perguntas:

- É possível haver Natal sem Jesus? Então porque nos shoppings não aparece Jesus, mas somente luzes, brilhos, presentes, neve, papai-noel?
- Na sociedade atual: onde está o aniversariante (Jesus) no dia de seu aniversário? Porque ele foi descartado? Por quem Ele foi trocado?

❷ Registre o que é preciso fazer para se preparar para receber o Deus menino que vem habitar na história humana.

4 Jesus Vida! Fortalece a minha vontade para viver a Tua Palavra

❷ O que a Palavra de Deus, hoje me faz dizer a Deus? Escrever a oração.

❷ Esperando Jesus, o sol nascente que nos vem visitar, rezar juntos, o Cântico de Zacarias em Lc 1, 67-79.

5 Compromisso

- O tema do encontro diz que Deus visitou o seu povo. Sugere-se visitar diferentes lugares: o hospital, as famílias, a escola, o asilo, os pobres, os trabalhadores... Para quem será que Deus nos pede para fazer uma visita?

- Perguntar:
  - Você está esperando a visita de Deus neste Natal?
  - E na visita, o que Deus pedirá?

- Depois da visita, cada catequizando vai escrever um texto sobre a experiência vivida e entregar para o catequista. A visita ajudou a repensar o sentido do Natal? Por quê?

- Combinar uma confraternização no próximo encontro, definindo o que cada um pode trazer.

6 Compreendendo a missa

"Fazei isto em memória de mim". O relato da instituição da Eucaristia é encontrado nos textos de Mc 14,12-31; Mt 26, 17-35; Lc 22, 7-20.31-34 e 1Cor 11,23-26. Pelos gestos e palavras, sob a força do Espírito Santo, o pão e o vinho se tornam sacramentalmente, Corpo e Sangue de Cristo, oferecidos na cruz, por um gesto de total amor de Jesus, para a nossa salvação, uma vez por todas. Quem participa da Eucaristia faz o seu êxodo, isto é, participa do memorial da passagem de uma situação de escravidão e sofrimento para a liberdade e vida nova dos filhos da aliança. Celebramos a morte e ressurreição de Jesus, sua Páscoa, no hoje de nossa vida, até que ele venha para a comunhão definitiva com o Pai.

Anotações Pessoais

8º Encontro

Data / /

Com Maria, mulher, se realiza a esperança do povo

Estudando com atenção o cântico de Nossa Senhora, vamos perceber qual a compreensão de Deus que ela tem. Ela coloca fé no Deus que salva e quer bem a aqueles que vivem uma vida justa e praticam a caridade.

1 Momento de acolhida e oração

- Iniciar com o sinal da cruz.
- Em espírito de oração cantar: *Senhor vem salvar teu povo*. Recordar o encontro e os compromissos da semana que passou e o que significa este tempo do advento.
- Iniciando a conversa:
    - Partilhar o que sabe sobre Maria.
- Cantar a música *Maria de Nazaré*, do Padre Zezinho, que possui uma letra que ajuda a conhecer quem é Maria, a mãe de Jesus e nossa mãe.

2 | Jesus Verdade! Ajuda-me a conhecer a Tua Palavra

- Leitura do texto bíblico: Lc 1,46-55.
- Para refletir e partilhar:
  - Por que Maria fez esta oração?
  - De que assunto trata esta oração?

3 | Jesus Caminho! Abre meu coração para acolher a Tua vontade

- Após a leitura deste texto, sinto-me desafiado a fazer o que?
- O que a atitude de Maria e Isabel me convida a fazer na minha vida?

_____

_____

_____

_____

_____

_____

_____

_____

_____

_____

4 | Jesus Vida! Fortalece a minha vontade para viver a Tua Palavra

- Faça sua oração.
- A música *Maria de Minha Infância*, do Pe. Zezinho nos ajuda a entender o motivo pelo qual Maria realizou a esperança de seu povo. Junto com seus colegas e catequista, cante-a.

5 | Compromisso

- Conversar com a mãe sobre os momentos do nascimento: a decisão de engravidar, como foi a gestação, quem mais apoiou, o nascimento, as dores, as alegrias...

Lembrete

Para o próximo encontro cada catequizando deverá trazer algo que mais gosta para, simbolicamente, dar de presente. Caso não seja possível trazer o original, poderá ser usado um desenho ou mesmo a palavra escrita representando o objeto.

6 Compreendendo a missa

A consagração do pão e do vinho é seguida pela anamnese, ou recordação-aclamação memorial da nossa fé: "Anunciamos, Senhor, a vossa morte e proclamamos a vossa ressurreição. Vinde, Senhor Jesus." Essa aclamação deve ser feita por toda a comunidade. Esse é o mistério da nossa fé. Como escreveu São Paulo, "se Cristo não ressuscitou, vã é nossa fé". Proclamada por toda a assembleia litúrgica, expressa a fé em que Jesus de Nazaré ressuscitou e está vivo, e junto com Ele, todos nós.

Anotações Pessoais

9º Encontro

Advento: Caminho de conversão

O tempo do advento nos convida à conversão. Isto significa que precisamos olhar com atenção como está nossa vida. Conhecendo o significado do Natal, não podemos nos deixar levar só pelo aspecto comercial desta festa. O Natal deve marcar nosso jeito de viver.

1 Momento de acolhida e oração

- Iniciar com o sinal da cruz.
- Para conversar:
    - Que devemos fazer para bem prepararmos o santo Natal?
    - Que devemos fazer para acolher o Senhor no dia a dia?

Acolher Jesus significa ser fraternos, solidários, caridosos, não violentos e nem gananciosos! Em outras palavras: Converter-se, abrir o coração! Abrir o coração para os irmãos é abri-lo para acolher o Deus que vem em Jesus!

2 Jesus Verdade! Ajuda-me a conhecer a Tua Palavra

- Leitura do texto bíblico: Lc 3,10-17.
- Para refletir e partilhar:
  - De quem João Batista está falando?
  - Que exigências João faz ao responder à pergunta?

3 Jesus Caminho! Abre meu coração para acolher a Tua vontade

- Se a mesma pergunta que a multidão fez a Jesus fosse feita hoje a você: "O que é que devemos fazer?" O que responderia?
- Para responder siga as orientações.
  - Escreva sua resposta individual:

  - Formar dupla, conversar sobre as respostas individuais e escrever uma resposta em dupla.

4 Jesus Vida! Fortalece a minha vontade para viver a Tua Palavra

- Com os colegas de mãos dadas, diante de uma imagem do menino Jesus, fazer uma oração de entrega. Após cada prece repetir: *Vem, Senhor! Vem, nos salvar, com teu povo vem caminhar.*

5 Compromisso

● Vamos nos motivar e preparar com simplicidade um enxoval para uma criança pobre que vai nascer. Depois, programar a visita para fazer a entrega.

6 Compreendendo a missa

O próximo elemento da Oração Eucarística é a oblação, momento no qual a Igreja, realizando o memorial eucarístico, oferece ao Pai o Corpo e o Sangue de Cristo como oferta agradável a Deus em ação de graças pela ação salvadora de seu Filho e deseja que seus fiéis também sirvam ao Deus de Jesus e busquem a santidade. Como exemplo, eis a oblação da Oração Eucarística V: "Recordamos ó Pai, neste momento, a paixão de Jesus, nosso Senhor, sua ressurreição e ascensão; nós queremos a vós oferecer este Pão que alimenta e que dá vida, este Vinho que nos salva e dá coragem."

Anotações Pessoais

Data   /   /

10º Encontro

Reencontro: "Convertei-vos e crede no Evangelho"

A Igreja inteira inicia o tempo da quaresma. Este tempo nos convoca a uma revisão profunda de nossa vida, de nossas atitudes, de nossa maneira de pensar e de agir. Quaresma é tempo de conhecer e viver o mistério da paixão, morte e ressurreição de Jesus. A Palavra de Deus nos ilumina e nos ensina a viver este tempo quaresmal nos convidando à conversão e a crer na Boa Nova de Jesus.

1 Momento de acolhida e oração

- Acolher com alegria os colegas dizendo uns aos outros: *seja bem-vindo (a), com você quero construir um caminho de fraternidade.*
- Iniciar com o sinal da cruz.
- O Salmo 133 expressa a alegria do povo reunido, a alegria da união e o fato de estar juntos. Rezar juntos este salmo.

Ao ler o texto inicial deste encontro, entendemos que este é o tempo de conhecer e viver o mistério da paixão, morte e ressurreição de Jesus. O tema e a frase que nos acompanham ao longo deste encontro e do tempo quaresmal é: "Convertei-vos e crede no Evangelho".

2 Jesus Verdade! Ajuda-me a conhecer a Tua Palavra

❯ A Palavra de Deus é sempre viva, nos ilumina e nos ensina como vivermos este tempo quaresmal. Prepare seu coração e sua mente para escutá-la.

❯ Leitura do texto bíblico: Mt 6,1-6.16-18.

❯ Para refletir e partilhar:
- O que Jesus diz no Evangelho que ouvimos?
- Destaque as três atitudes práticas que chamou a atenção para podermos viver a justiça do Reino.

3 Jesus Caminho! Abre meu coração para acolher a Tua vontade

❯ O que esta Palavra de Deus diz para nós? Que apelos ela nos faz?

❯ Qual a conversão que pede a nós, à comunidade, à sociedade de hoje?

❯ O que entendemos por conversão, esmola, jejum e oração?
- Anote suas respostas.

4 Jesus Vida! Fortalece a minha vontade para viver a Tua Palavra

❯ Em silêncio, cada um faça sua oração em resposta ao que esta Palavra o faz dizer a Deus.

❯ Rezar o Salmo 50.

5 Compromisso

- Vamos escolher um compromisso que como grupo queremos fazer para viver mais fortemente este tempo de quaresma em preparação à Páscoa.

- Qual o gesto concreto de conversão que vamos assumir?

6 Compreendendo a missa

Cinzas: O rito que celebramos na liturgia da quarta-feira de cinzas, ou a imposição das cinzas sobre as nossas cabeças, é uma forma de entrar neste tempo santo do perdão e do encontro com Deus. Com a imposição das cinzas, inicia-se um tempo forte onde o cristão é chamado a se preparar dignamente para viver o mistério pascal: a paixão, morte e ressurreição de Cristo. Este gesto era feito no início da Igreja como um rito penitencial. É um sinal de arrependimento e humildade. Aceitando que nos imponham as cinzas, expressamos duas realidades fundamentais:

1. Lembra a nossa pobreza. Faz-nos tomar consciência de nossa fragilidade e lembra-nos que somos pó e ao pó voltaremos.

2. Somos chamados a nos convertermos ao Evangelho de Jesus e sua proposta do Reino, mudando nossa maneira de ver, pensar e agir.

Anotações Pessoais

11º Encontro

Campanha da Fraternidade

A Campanha da Fraternidade é uma iniciativa da Igreja do Brasil. Sempre acontece durante o tempo da quaresma. Aborda um assunto da sociedade humana que requer uma atenção especial e comprometida dos cristãos. As pessoas são convidadas a refletir e perceber o que não está de acordo com o projeto de vida, o projeto de Deus. A Campanha da Fraternidade, iluminada pela Palavra de Deus, convida-nos a atitudes novas em vista das novas relações entre as pessoas e a sociedade. É um apelo forte à conversão pessoal, comunitária, social e ecológica.

1 Momento de acolhida e oração

- Iniciar com o sinal da cruz.
- Canto: Hino da Campanha da Fraternidade.

❷ Iniciando a conversa:

- Como estamos vivendo o nosso compromisso do encontro passado?

- Alguém já ouviu alguma coisa sobre a Campanha da Fraternidade deste ano? Qual é o tema e o lema?

2 Jesus Verdade! Ajuda-me a conhecer a Tua Palavra

❷ Leitura do texto bíblico: Jo 3,14-21.

❷ Para refletir e partilhar:

- Quem são os personagens? Em que lugar eles estão? O que acontece?

3 Jesus Caminho! Abre meu coração para acolher a Tua vontade

❷ Que situação de morte a Campanha da Fraternidade quer denunciar neste ano?

❷ O que eu penso dessa situação?

❷ Como a Palavra de Deus vem iluminar estas realidades para o bem?

4 Jesus Vida! Fortalece a minha vontade para viver a Tua Palavra

❷ Cada catequizando toca na cruz que está ambientando o encontro e faz um pedido expressando: de qual mal gostaria que Deus nos libertasse?

- Após cada pedido, todos dizem o lema da Campanha da Fraternidade (CF).
- Rezar a oração da Campanha da Fraternidade (CF).

5 Compromisso

- Organizar o grupo e convidar os pais para participar dos grupos de famílias em preparação à Páscoa.

6 Compreendendo a missa

Após a oblação vem as intercessões, as quais expressam que a Eucaristia é celebrada em comunhão e para a Igreja que peregrina rumo aos céus, pelo papa, bispos, presbíteros, diáconos e todo o povo conquistado pelo Senhor, fiéis vivos e defuntos, a virgem Maria e todos os santos, chamados a viver a vida de bem-aventurados pelo sangue do Cordeiro derramado na cruz. Demonstra que a Eucaristia não é uma celebração descolada da vida e isolada, mas sinal de comunhão entre céu e terra com toda a sua realidade histórica que caminha rumo à nova Jerusalém.

Anotações Pessoais

Data / /

12º Encontro — Reconciliação na vida cristã

O tempo de quaresma é tempo propício para o caminho da reconciliação. Reconciliação é volta. Somos imperfeitos e limitados. Por isso, precisamos sempre nos colocar no caminho do crescimento. Ao nos apaixonarmos por Jesus e seu ensinamento, experimentamos uma paz de espírito que não encontramos em lugar algum. É o amor misericordioso de Deus que nos faz progredir na formação de nossa personalidade à luz de Cristo.

Shutterstock

1 Momento de acolhida e oração

- Iniciar com o sinal da cruz.
- Para conversar:
  - Apresentar fatos, acontecimentos, pessoas que sofrem com ofensas, injustiças e desprezo, egoísmos e julgamentos relacionados ao tema da Campanha da Fraternidade.
- Em espírito de oração cantar: *O povo de Deus no deserto andava*.

2 Jesus Verdade! Ajuda-me a conhecer a Tua Palavra

- Leitura do texto bíblico: Jo 9,1-41.
- Para refletir e partilhar:
  - Destacar os personagens do texto e a ação que cada um realiza.
  - Cada um procure se colocar na cena e se identificar com um dos personagens.

3 Jesus Caminho! Abre meu coração para acolher a Tua vontade

- O que Deus nos diz nesta Palavra, para cada um de nós, hoje?
- O que significa vivermos reconciliados?
- Quais são nossas cegueiras? O que elas influenciam na vida cotidiana?
- Reconciliação é diferente de confissão? Por que? Onde está a diferença?
  - Escreva suas respostas a estas questões.

4 Jesus Vida! Fortalece a minha vontade para viver a Tua Palavra

- Em silêncio, diante da cruz e da água, cada um reze buscando responder: O que esta Palavra me faz dizer a Deus?

- Rezar juntos a oração do Pai-Nosso, de mãos dadas.
- Cada um dê para o outro o abraço da reconciliação.

5 Compromisso

- O tempo quaresmal é próprio para a reconciliação, o perdão e a busca do Sacramento da Misericórdia do Pai.
- Nesta semana, vamos assumir o compromisso de nos prepararmos para o Sacramento da Confissão como preparação à Páscoa e também como preparação para o Sacramento da Crisma.
- Convidar os pais para participar da celebração da reconciliação e da confissão na comunidade.

6 Compreendendo a missa

Água: Sentido na vida cotidiana - A água, como a terra, o ar e o fogo, é um dos quatro elementos simbólicos universais de todas as culturas. Lembra as origens da vida: esta nasceu e se desenvolveu, em primeiro lugar, na água. É um símbolo rico e se reveste de múltiplos sentidos. A Ela pode-se atribuir quatro dimensões: ela é fecunda, fonte de vida, medicinal e batismal. A água age no ser profundo em relação das pessoas. Age sobre aqueles que bebem, se lavam, mergulham ou nela são mergulhados no batismo. Para os cristãos, é sinal de purificação e de vida nova no batismo. Na liturgia, é usada no rito penitencial para aspersão, como sinal que lava, purifica. É memória do batismo que nos torna novas criaturas e nos faz mergulhar na vida em Deus.

Anotações Pessoais

Data / /

13º Encontro

O plano de Deus na história da salvação

Todo plano de salvação de Deus, que nos é dado a conhecer através da Bíblia, no Primeiro e Segundo Testamentos, tem seu ponto alto e toda sua compreensão na Páscoa de Jesus Cristo, quando celebramos sua morte e ressurreição. Conhecer, meditar e vivenciar este mistério, é dom e graça de Deus dada a cada um de nós.

1 Momento de acolhida e oração

- Na certeza de estar reunido com seu grupo de catequese em nome da Trindade Santa, aproxime-se da cruz que seu catequista trouxe para o encontro, toque nela e trace o sinal da cruz.
- Em nossa vida temos planos, projetos e sonhos para alcançar. Durante este encontro, vamos confrontar se os nossos planos e projetos estão em sintonia com o plano que Deus tem na história da humanidade, o plano de salvação.
- Para conversar:
  - Como estamos vivendo nossos compromissos dos encontros de catequese?
  - Estamos participando dos encontros de preparação à Páscoa nos grupos de família?

2 Jesus Verdade! Ajuda-me a conhecer a Tua Palavra

- Leitura do texto bíblico: Fl 2,5-11.
- Para refletir e partilhar:
  - Reler o texto.
  - Ficar um tempo em silêncio para retomar o texto e sublinhar a frase ou a expressão que mais chamou atenção.
- Conversar com o grupo sobre o que o texto diz.

3 Jesus Caminho! Abre meu coração para acolher a Tua vontade

"Deus amou o mundo de tal maneira que deu seu Filho unigênito para que todo aquele que n'Ele crê não pereça mas tenha a Vida Eterna" (Jo 3.16).

- Dentro deste caminho que está fazendo em preparação à Páscoa, como esta Palavra pode te ajudar?

4 Jesus Vida! Fortalece a minha vontade para viver a Tua Palavra

- Em silêncio, diante da cruz, da Palavra de Deus, o que vamos dizer a Deus? Qual é a nossa oração no dia de hoje?

❯ Em grupo, com base no texto bíblico, escrevam uma oração, em forma de jogral, para ser rezada para o grupo.

5 Compromisso

A Palavra de Deus, hoje, nos convidou a sermos fiéis e obedientes como Jesus foi ao plano do Pai. Nestes próximos dias, iremos viver e celebrar mais intensamente a plenitude da vida vivida por Cristo.

❯ Participar das celebrações na comunidade na Semana Santa, procurando viver com intensidade o mistério da Páscoa de Cristo, desde a quinta-feira até o domingo da ressurreição.

❯ Que outras atitudes podemos assumir como grupo para vivermos no dia a dia de nossa vida conforme o plano do Pai em relação à natureza, às pessoas e à nossa vida cristã?

6 Compreendendo a missa

O último elemento da Oração Eucarística é a doxologia, isto é a conclusão. O sacerdote reza: "Por Cristo, com Cristo, e em Cristo, a vós, Deus Pai todo-poderoso, na unidade do Espírito Santo, toda a honra e toda a glória, agora e para sempre", e a assembleia responde: "Amém". Nesse momento, acontece o ofertório. A Igreja oferece ao Pai, por Cristo, na unidade do Espírito, o sacrifício de nossa salvação. O "Amém" da assembleia evoca a vitória triunfal do Cordeiro e expressa seu consentimento de que Cristo venceu o pecado e a morte e deu-nos a vida a caminho da salvação.

Anotações Pessoais

Tríduo pascal

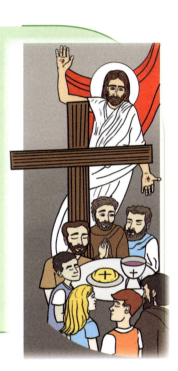

A Páscoa é o mistério central de nossa fé. Nas celebrações deste mistério fazemos a experiência dos discípulos: conhecer com mais profundidade o significado da morte e ressurreição de Jesus Cristo e tomar uma decisão de vida, escolhendo o caminho do seguimento do mestre. O tríduo pascal é a grande celebração dos cristãos, o núcleo central do ano litúrgico e centro da espiritualidade cristã.

1 Momento de acolhida e oração

- Este encontro nos prepara e faz compreender a celebração da Semana Santa e em especial o tríduo pascal.
- Iniciar com o sinal da cruz e junto com os colegas rezar.
- Mantra: *Prova de amor maior não há, que doar a vida pelo irmão.*
- Em silêncio, contemple os símbolos que seu catequista organizou e pergunte-se:
    - O que eles falam?
    - O que lembram?

2 Jesus Verdade! Ajuda-me a conhecer a Tua Palavra

❯ Leitura do texto bíblico: Mc 14,22-16,8.

❯ Para refletir e partilhar:

- O que diz o texto?

- Quais são os personagens que aparecem? Destacar as ações de cada personagem.

3 Jesus Caminho! Abre meu coração para acolher a Tua vontade

❯ Ouvimos o Evangelho da paixão e acompanhamos o caminho de Jesus: Que sentimentos esta palavra provoca em nós?

_____

_____

_____

_____

_____

_____

4 Jesus Vida! Fortalece a minha vontade para viver a Tua Palavra

❯ Façamos silêncio em nossos corações e rezemos.

❯ O que esta Palavra nos faz dizer a Deus?

❯ Diante do grande amor de Jesus para cada um de nós, o que vamos dizer a Ele?

_____

_____

_____

_____

_____

_____

_____

_____

5 Compromisso

Jesus nos ensina a doarmos a vida para o bem dos outros e sermos capazes de servir.

- Qual é o compromisso que vamos assumir nesta semana para viver a Palavra e os ensinamentos de Jesus?
- Além disso, participar das celebrações do tríduo pascal e convidar a família, amigos, colegas a fazer o mesmo.

_____
_____
_____
_____
_____

6 Compreendendo a missa

Após a Oração Eucarística, dá-se início ao rito de comunhão. Este compreende cinco elementos: a oração do Pai-Nosso, o abraço da paz, a fração do pão, o canto do cordeiro, a comunhão e a oração depois da comunhão. O Pai-Nosso é oração de toda a assembleia. O presidente, de braços abertos, convida a todos para rezar juntos a oração que Jesus nos ensinou. "... como Verbo Encarnado, Ele conhece em seu coração de homem as necessidades de seus irmãos e irmãs humanos e no-las revela; é o modelo de nossa oração" (CAIC 2765). O presidente e a assembleia se entregam nos braços de Deus e pedem pelo pão de cada dia, que lembra antes de tudo o pão eucarístico e a purificação dos pecados. Representa a unidade dos cristãos, que anseiam pela vinda do Reino. Na oração que segue, o presidente pede a Deus que livre as pessoas de todo o mal: "Livrai-nos de todos os males, ó Pai...". E a assembleia responde: "Vosso é o reino, o poder e a glória". Esse é o "amém" do Pai-Nosso, por isso não se deve dizer "amém" depois de "livrai-nos do mal."

Anotações Pessoais

Data / /

15º Encontro

A vida nova em Jesus Ressuscitado

Tudo na vida é frágil e passageiro. Diz São Paulo: "o que permanece é a caridade" (cf.1Cor 13,13). A vivência da fé em Jesus ressuscitado nos faz avançar na caminhada da vida, com novo ânimo e muita confiança. Estamos certos de que o Senhor Jesus nos abre o caminho da felicidade.

1 Momento de acolhida e oração

- Acolha o catequista e colegas com a saudação de Jesus Ressuscitado: "*A Paz esteja com você!*".
- Traçar o sinal da cruz.
- Sobre a orientação do catequista, partilhe como viveu a Semana Santa, o tríduo pascal:
    - O que chamou sua atenção?
    - Que sentimentos o invadiram?
    - Conseguiu participar de todas as celebrações?

2 Jesus Verdade! Ajuda-me a conhecer a Tua Palavra

- Leitura do texto bíblico: Jo 21,1-14.
- Para refletir e partilhar:
    - Destacar os personagens do texto.
    - O que Jesus faz e o que os discípulos fazem?
    - O que mais chamou sua atenção?

3 Jesus Caminho! Abre meu coração para acolher a Tua vontade

- Como podemos reconhecer Jesus em nossa vida?
- Façamos o confronto da atitude dos discípulos e as nossas atitudes no cotidiano.

4 Jesus Vida! Fortalece a minha vontade para viver a Tua Palavra

- O que esta Palavra me faz dizer a Deus? Fazer a sua oração.

- Rezemos o salmo 30, respondendo, a cada versículo: *Senhor, meu Deus, eternamente hei de louvar-vos*.

- Rezar juntos:

Ó Deus, força da vida, que nos fortaleceis em meio as nossas lidas e lutas com a presença carinhosa e solícita do Cristo ressuscitado, atende nossas preces e dá-nos a graça de obedecer sempre a sua Palavra.

5 Compromisso

- Quais atitudes o nosso grupo que se prepara para viver o Sacramento da Crisma, deve cultivar para fazer a experiência da ressurreição?
- Como nosso grupo pode anunciar Jesus ressuscitado na família, aos colegas e aos amigos?
- Pensar juntos uma ação concreta que expresse a vida de "ressuscitados".

_____
_____
_____
_____
_____

6 Compreendendo a missa

Depois da oração do Pai-Nosso vem o abraço da paz. É um gesto muito antigo na liturgia. Seus primeiros registros são da metade do século II. O abraço da paz é o coroamento da comunhão entre os cristãos que o Pai-Nosso celebra. A Igreja pede a paz para ela e para toda a família humana. É expressão de compromisso de caridade entre todos os irmãos. Segundo as normas atuais, "Convém, no entanto, que cada qual expresse a paz de maneira sóbria apenas aos que lhe estão mais próximos" (IGMR 83).

Anotações Pessoais

16º Encontro

Creio no Espírito Santo

O Espírito Santo é a força e a luz de Deus, que desde o nosso interior, nos impulsiona para prosseguirmos com coragem e clareza de opções no caminho de nossa vida. Deus, em Jesus Cristo, nos mostra o caminho bom que devemos seguir. Seu Espírito nos impulsiona para realizarmos obras que ajudem a construir uma humanidade mais digna e feliz.

1 Momento de acolhida e oração

- Saudar os colegas com um abraço e cantar o sinal da cruz.
- Para conversar:

O Espírito Santo é recebido pela fé. No dia de Pentecostes, a força do Espírito Santo se faz sentir no meio dos discípulos que de tímidos, tornaram-se fortes e corajosos para anunciar Jesus. O Espírito de Deus faz reviver, dá nova vida ao que parece aparentemente não ter mais vida.

- Quem é o Espírito Santo? O que já sabemos sobre Ele? Sentimos sua presença e ação em nós?

2 Jesus Verdade! Ajuda-me a conhecer a Tua Palavra

- Leitura do texto bíblico: Ez 37,1-14.
- Para refletir e partilhar:
  - Quem é que fala no texto?
  - A quem é dirigida a Palavra?

3 Jesus Caminho! Abre meu coração para acolher a Tua vontade

- O que esta Palavra diz para nós?
- O que significa dizer que "o espírito nos envia a profetizar"?

_____

_____

_____

_____

4 Jesus Vida! Fortalece a minha vontade para viver a Tua Palavra

- O que este encontro, esta Palavra me faz dizer a Deus? Cada um, em silêncio, faça sua oração.

_____

_____

_____

_____

_____

- Escreva uma palavra ou uma frase que chamou a atenção do texto bíblico de Ezequiel.

_____

_____

- Renovemos juntos, nossa fé no Senhor ressuscitado e no Espírito Santo de Deus, rezando o Credo.

5 Compromisso

- O grupo prepara uma encenação do texto de Ezequiel para ser apresentada em um encontro de formação com os pais da catequese ao longo do ano.

- Nesta semana, com os pais, em casa, com os vizinhos e na escola, o que podemos fazer concretamente para dar nova vida e alegria que vem do Espírito. Que gestos, ações, palavras...?

6 Compreendendo a missa

Após o abraço da paz acontece a fração do pão. O sacerdote parte a Eucaristia e coloca uma parte da hóstia no cálice, simbolizando a união da natureza de Jesus de Nazaré com o Cristo glorioso, humano e divino. A hóstia a ser partida deve ser grande para que possa ser visualizada por toda a assembleia. Simboliza Jesus partindo o pão junto com os doze apóstolos e a união dos fiéis que brota da Eucaristia, o pão da vida da comunidade. Reunidos em torno da Eucaristia, os fiéis se tornam um só corpo em Cristo Jesus.

Anotações Pessoais

Os frutos do Espírito Santo na vida do cristão

Data / /

Iluminados por Deus, somos chamados a ser, no meio do mundo onde vivemos, sinais do bem e da bondade divina. Como uma árvore que recebe da terra a seiva para produzir o fruto, nós recebemos as graças de Deus, os dons do Espírito, para produzirmos obras de justiça e de caridade.

1 Momento de acolhida e oração

- Cantar o sinal da cruz.
- Na esperança da vinda do Espírito Santo, rezar juntos:

Vinde, Espírito Santo, enchei os corações dos vossos fiéis e acendei neles o fogo do vosso amor. Enviai o vosso Espírito e tudo será criado, e renovareis a face da Terra.

Oremos: Deus, que instruístes os corações dos vossos fiéis com a luz do Espírito Santo, fazei que apreciemos retamente todas as coisas segundo o mesmo Espírito, e gozemos sempre de sua consolação. Por Cristo, Senhor Nosso. Amém!

❯ Iniciando a conversa:

- No encontro passado, conversamos sobre o tema: Creio no Espírito Santo. Assumimos compromissos no final do encontro:
  - O que conseguimos realizar?
  - O que ainda devemos continuar fazendo?

2 Jesus Verdade! Ajuda-me a conhecer a Tua Palavra

❯ Leitura do texto bíblico: Gl 5,13-26.

❯ Para refletir e partilhar:

- O que diz o texto?
- Cada um lê novamente o texto, individualmente. Depois, destacar a parte que mais chamou sua atenção.

3 Jesus Caminho! Abre meu coração para acolher a Tua vontade

❯ O que esta Palavra nos ensina?

_____

_____

_____

_____

4 Jesus Vida! Fortalece a minha vontade para viver a Tua Palavra

❯ A partir de tudo o que foi vivenciado neste encontro, espontaneamente fazer a nossa oração, nossas preces ao Senhor de súplica, de louvor, de perdão.

❯ Rezar juntos:

Ó Espírito Santo! Amor eterno do Pai e do filho, inspirai-me sempre o que devo pensar, o que devo dizer, como devo dizê-lo, o que devo calar, o que devo escrever, como devo agir, o que devo fazer para procurar vossa glória, o bem das pessoas, e o caminho de santificação. Ó Espírito Santo! Ajudai-me a ser bom e fiel, à graça de Deus. Inflamai-me no fogo do vosso amor para que possamos transformar o mundo. Amém!

- Juntos, repetir os frutos, dons do Espírito Santo, para gravá-los no coração: "amor, alegria, paz, paciência, amabilidade, bondade, fidelidade, modéstia e domínio próprio" (Gl 5,22).

5 Compromisso

- Os frutos do espírito são: justiça, paz, fraternidade... Pensar juntos: Quais atitudes concretas podemos assumir como grupo para vivermos os frutos do Espírito em nossa caminhada catequética?

- Ler com a família este texto e conversar: Quais frutos do Espírito devem ser assumidos com mais empenho para vivermos conforme nos inspira o Espírito de Deus?

6 Compreendendo a missa

A fração do pão é acompanhada pelo canto ou reza do Cordeiro de Deus. De origem oriental, acompanha a fração do pão desde o século VII. Trata-se de uma súplica ao Cordeiro, inspirada no testemunho de João Batista (cf. Jo 1,29). O Cordeiro se sacrifica por nós e é nosso alimento. O cordeiro da antiga aliança encontra sua superação em Jesus, o Cordeiro de Deus que tira o pecado do mundo. A última súplica do Cordeiro, "dá-nos a paz", é pela paz que vem do mistério pascal. É a mesma paz pela qual a comunidade rezou no Pai-Nosso e no abraço da paz.

Anotações Pessoais

Sacramento da Confirmação

O Sacramento da Crisma ou Confirmação deve ser celebrado em profunda comunhão com o Batismo e com a Eucaristia que nos leva à perfeita participação na vida e na missão de Jesus. A história nos indica que no início da Igreja não havia separação ritual entre o Batismo e a Confirmação, pois a Iniciação Cristã se concretizava na Vigília Pascal, quando o candidato era introduzido na comunidade cristã e participava da ceia pascal. No Batismo, recebemos de Deus o dom da fé. Nossos pais e padrinhos assumiram seguir Jesus Cristo e seu Evangelho em nosso nome. Agora, pelo Sacramento da Crisma nós mesmos confirmamos a fé que recebemos e assumimos com responsabilidade nossos compromissos cristãos.

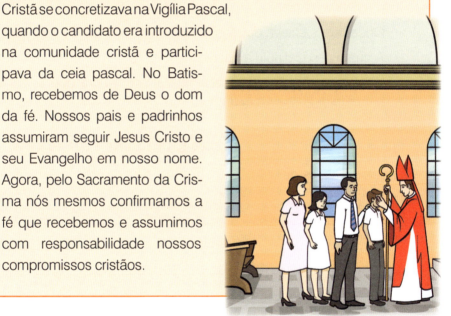

1 Momento de acolhida e oração

- Iniciar o encontro com o sinal da cruz.
- Para conversar:
  - Como vivemos o compromisso da semana passada?
  - O que conseguimos realizar?

- Quais são os frutos do Espírito que conseguimos viver com maior intensidade ao longo da semana?

A reflexão deste encontro vai conduzindo para a celebração próxima do Sacramento da Crisma ou Confirmação.

Fique atento à Palavra de Deus, ela iluminará a reflexão e ajudará a compreender melhor o que significa este momento importante no Caminho de Iniciação à Vida Cristã.

2 Jesus Verdade! Ajuda-me a conhecer a Tua Palavra

- Leitura do texto bíblico: Lc 4,18-21.
- Cada um relê o texto em silêncio.
- Para refletir e partilhar:
  - Onde Jesus estava quando fez esta proclamação?
  - A quem Jesus dirigiu a Palavra?
  - Vamos repetir as expressões que afirmam para que Jesus foi ungido e enviado (V. 18-19).

3 Jesus Caminho! Abre meu coração para acolher a Tua vontade

- O que a Palavra de Deus que ouvimos, diz para nós que estamos nos preparando para a Crisma?

A Crisma ou Confirmação é a força de Deus através do Espírito Santo que age na pessoa. É a experiência de vida celebrada. É o Sacramento do cristão que está amadurecendo na fé. Nele recebem-se os dons do Espírito Santo: sabedoria, entendimento, conselho, fortaleza, piedade, ciência e temor de Deus. Eles são dons que aproximam da vocação à santidade e dão segurança para cumprir o projeto de Jesus.

A Confirmação completa o Batismo, pelo qual recebemos o dom do Espírito Santo que concede a força para testemunhar o amor e o poder de Deus com palavras e atos na comunidade.

No Batismo recebemos o Espírito Santo e nos transformamos de criaturas de Deus para filhos de Deus. Na Crisma confirma-se com consciência o querer ser filho de Deus e assumir a missão da evangelização. O Deus que os apóstolos receberam no dia de Pentecostes é o mesmo que recebemos no Sacramento da Crisma, por isso a autoridade de anúncio da Palavra de Deus é a mesma que possuímos. O dia em que nos crismamos é o dia de nosso Pentecostes, onde o Espírito Santo nos é enviado para transformar e santificar.

- Estamos dispostos a viver o que celebraremos neste Sacramento?

4 Jesus Vida! Fortalece a minha vontade para viver a Tua Palavra

- O que esta Palavra de Deus hoje me faz dizer a Deus? (Inclinar a cabeça e rezar em silêncio.)
- Todos rezam juntos o salmo 27 da Bíblia: "O Senhor é minha luz, Ele é minha salvação".

5 Compromisso

- Cada um pense em silêncio e escreva:
  - Qual compromisso posso assumir como jovem crismando, diante das situações de injustiças, de miséria e de corrupção que vivemos em nossa realidade?
  - Como posso testemunhar Jesus Cristo a outros jovens que estudam, se divertem, convivem conosco?

_____

_____

_____

_____

6 Compreendendo a missa

É chegada a hora da comunhão. Jesus vivo na Eucaristia é o alimento para as lutas do dia a dia na peregrinação até a Jerusalém celeste. É o momento do encontro com Jesus Eucarístico. Comer juntos a Ceia do Senhor é sinal de aliança com Ele e união entre os batizados. Nos tornamos um só com Cristo na sua entrega na cruz e recebemos a força de seu Espírito, nosso defensor e renovador da vida. Ao comungarmos, tomamos parte do banquete da vida e nos tornamos dom de vida e amor para nossos irmãos e irmãs. Aumenta em nós o desejo de caridade e de compromisso com todos os que sofrem e necessitam de nossa ajuda. Não se pode comungar e permanecer indiferente diante das necessidades das pessoas.

Anotações Pessoais

19º Encontro

Confirmados no Espírito para sermos a Igreja de Jesus

Data / /

Os apóstolos também enfrentaram muitas dificuldades na missão, mas o Espírito Santo concedia-lhes os dons necessários para enfrentar com coragem os problemas que surgiam. Confirmados na fé, integrados na comunidade dos cristãos, devemos ser testemunhas de Jesus Cristo no meio do mundo e convidar outros para segui-lo.

Shutterstock

1 Momento de acolhida e oração

- Iniciar com o sinal da cruz.
- Rezar juntos:

Senhor Jesus, tu que enviaste aos apóstolos o Espírito Santo, concede, a cada um de nós, vivermos segundo esse mesmo Espírito. Amém.

❯ Iniciando a conversa:

A nossa vida é feita de momentos bons e agradáveis, mas também por momentos difíceis e de medos. O encontro de hoje quer iluminar a nossa vida para podermos compreender e agir conforme o Espírito. Os apóstolos viveram momentos de tensões e dificuldades, dentro e fora da comunidade mas o Espírito Santo estava com eles, auxiliando-os e concedendo-lhes as graças necessárias para superar as dificuldades e viver a missão confiada e convidar outros para seguir o projeto de Jesus.

❯ Escrever na folha de papel, que seu catequista preparou, uma dificuldade que está vivendo e o que faz para resolvê-la.

2 Jesus Verdade! Ajuda-me a conhecer a Tua Palavra

❯ Leitura do texto bíblico: At 9,26-31.

❯ Para refletir e partilhar:

- Qual dificuldade que aparece no texto?
- Como é resolvida a situação?

3 Jesus Caminho! Abre meu coração para acolher a Tua vontade

❯ Retomar a folha onde você escreveu a dificuldade que está vivendo e confrontar com a Palavra de Deus. Registre as suas conclusões.

❯ Em duplas, cada um partilha a dificuldade que está vivendo e suas conclusões ao confrontar com a Palavra de Deus. Depois, analisem quais são as possibilidades para resolvê-la ou a melhor forma de conviver com a situação. Anote.

4 **Jesus Vida! Fortalece a minha vontade para viver a Tua Palavra**

❯ O que esta Palavra me faz dizer a Deus?

5 Compromisso

- Em silêncio, cada um pensa: Como vai viver o dom que recebeu, durante a semana e na comunidade? No próximo encontro será feita a partilha da experiência vivida.

6 Compreendendo a missa

Antes de distribuir a Eucaristia aos fiéis, o sacerdote prepara-se com uma oração própria, em silêncio. Em seguida, mostra a hóstia e convida a todos a participar da ceia do Senhor: "Felizes os convidados para participar da ceia do Senhor". O povo responde com um ato de fé: "Senhor, eu não sou digno de que entreis em minha morada, mas dizei uma só palavra e serei salvo" (cf. Mt 8,8). Quando a pessoa responde "Amém" à interpelação "Corpo de Cristo", dá o seu profundo e consciente consentimento e mergulha no mistério do amor de Deus. O momento da comunhão é acompanhado pelo canto de comunhão, que expressa a união espiritual do povo de Deus que vai ao encontro do pão da vida.

Anotações Pessoais

Data / /

20º Encontro

Confirmados no Espírito para promovermos a vida

Nós somos envolvidos pelo Espírito de Deus e somos possuidores de um tesouro inestimável que é a verdade do Evangelho de Jesus Cristo. Precisamos responder positivamente, nos tornando promotores da vida. O respeito profundo pelas pessoas, o cuidado com a natureza e a defesa da verdade, são formas de protegermos a vida em todas as suas circunstâncias.

1 Momento de acolhida e oração

- Deus nos convida e nos reúne em seu nome. Este nome nos santifica e nos faz dizer: Em nome do Pai...
- Rezar pedindo que a graça de Deus esteja com cada um e os mesmos sentimentos que moveram Jesus Cristo cresça em nós.
- Iniciando a conversa:
  - Como vivemos a nossa missão no mundo?
  - Como está a nossa sociedade? Quais doenças ela tem?

- Procuremos, através da Palavra de Deus que hoje vamos ler, meditar, rezar e compreender, como podemos fazer para defender a vida, fruto do Espírito de Deus.

2 Jesus Verdade! Ajuda-me a conhecer a Tua Palavra

- Leitura do texto bíblico: Mt 25,31-46.
- Para refletir e partilhar:
  - Como Jesus descreve o juízo final?
  - Que imagens Jesus usa neste texto?
  - Quem são os justos e o que fazem?
  - Quem são os cabritos e por quê?
  - Qual o destino de cada grupo, conforme o texto?

3 Jesus Caminho! Abre meu coração para acolher a Tua vontade

- O que esta Palavra de Deus nos diz?

- Que ensinamento ela nos dá?

4 Jesus Vida! Fortalece a minha vontade para viver a Tua Palavra

- Atender a orientação do catequista:
  - Fazer pedidos de perdão substituindo o que destrói a vida por aquilo que promove a vida.
  - Concluir rezando juntos, de mãos dadas, o Pai-Nosso.

5 Compromisso

- Em nossas comunidades existem ações concretas que ajudam a promover a vida: são as pastorais sociais, pastoral da criança, pastoral da pessoa idosa, pastoral carcerária, pastoral da mulher marginalizada, pastoral da saúde, pastoral do pão, pastoral da Aids, recicladores e outras. Conhecemos estas ações? Quem trabalha nelas?
- Nesta semana, fazer contato com pessoas que trabalham nestas pastorais e trazer para o próximo encontro, por escrito: Qual o nome da pastoral e qual objetivo? Como está organizada e quem atua nela?

_____
_____
_____
_____

6 Compreendendo a missa

O ideal seria comungar "sob as duas espécies", isto é, receber o pão e o vinho, o Corpo e o Sangue do Senhor. Como isso nem sempre é possível, opta-se por comungar apenas do pão. Após todos terem recebido a Eucaristia, inclusive os cantores, se oportuno, os fiéis e o sacerdote rezam em silêncio. Caso desejam, pode-se cantar um salmo ou canto de louvor. Em Cristo, encontramos a verdadeira paz que o nosso coração tanto anseia. Junto com o aspecto fortemente comunitário da Eucaristia, este momento é pessoal, de encontro com o Senhor que nos chama pelo nome.

Anotações Pessoais

Data / /

21º Encontro

Confirmados no Espírito para sermos missionários

Quem se deixa envolver pela força do Espírito Santo, necessariamente sai ao encontro dos outros para testemunhar Jesus Cristo e seu Evangelho. Este testemunho se concretiza pela nossa palavra que deve falar coisas boas, pelas ações que manifestam caridade, o respeito às pessoas e pela vida de oração que fortifica a fé.

1 Momento de acolhida e oração

- Iniciar com o sinal da cruz.
- Em silêncio, pedir ao Senhor para enviar o seu Espírito Santo para ajudá-lo a testemunhar o Evangelho.
- Iniciando a conversa:
  - Retomar o compromisso assumido no encontro anterior e conversar sobre o que cada um conseguiu fazer.

2 Jesus Verdade! Ajuda-me a conhecer a Tua Palavra

- Leitura do texto bíblico: At 13,1-4.
- Para refletir e partilhar:
  - Quem eram os mestres e profetas da Igreja de Antioquia?
  - Como eles seguem a voz do Espírito?
  - Que apelo o Espírito fez à Igreja de Antioquia?

3 Jesus Caminho! Abre meu coração para acolher a Tua vontade

- Para conversar e responder:
  - Como é a minha relação com a Igreja/comunidade de fé?
  - O que faço para ouvir a voz de Deus?
  - Como eu posso ser missionário?

4 Jesus Vida! Fortalece a minha vontade para viver a Tua Palavra

- Elaborar um pedido, uma prece ou uma súplica ao Senhor, a partir do encontro de hoje.

- Após cada pedido, todos dizem: *somos enviados pelo Espírito Santo.*
- Rezar juntos a oração:

Deus nosso Pai, nós vos louvamos e bendizemos por toda animação missionária que se realiza, por meio de vosso filho Jesus, caminho certo a seguir, verdade que liberta e vida que salva. Enviai sobre nós o Espírito Santo, para que nossas comunidades sejam sinal de vida e esperança para todos. Amém.

5 Compromisso

- Participar em algum momento forte da comunidade, das santas Missões Populares, encontros de formação ou ajudar alguma pastoral que precisa de pessoas e mais participantes.

Lembrete

Para o próximo encontro, trazer a foto da família.

6 Compreendendo a missa

O rito da comunhão é concluído com a oração depois da comunhão. O sacerdote agradece a Deus pela Eucaristia e implora que seus frutos sejam abundantes e se traduzam em ações, em caridade, no dia a dia dos fiéis. Assim se estabelece a relação entre Eucaristia celebrada e Eucaristia vivida.

Anotações Pessoais

22º Encontro

Confirmados no Espírito para vivermos a presença de Deus no amor humano

Data / /

O amor entre as pessoas é um dom precioso que recebemos de Deus. Nossos sentimentos e nossa sexualidade devem colaborar para que o amor não se transforme em egoísmo ou prazer passageiro. Amar com sinceridade a outra pessoa requer compromisso de fazê-la feliz. Deus criou o homem e a mulher à sua imagem e semelhança, deu-lhes de presente a vida e tudo o que existe na terra. Deu-lhes a capacidade de serem livres e amar. O ser humano não vive sozinho. Viver em família é fundamental para que ele se desenvolva com integridade. Por isso, o Matrimônio é o Sacramento da família.

Shutterstock

1 Momento de acolhida e oração

- Iniciar com o sinal da cruz.
- Falar o nome das pessoas com as quais você mora.
- Rezar juntos uma Ave-Maria.

103

❯ Retomar o compromisso assumido no encontro anterior e conversar sobre o que cada um conseguiu fazer.

Neste encontro vamos refletir o sentido da família, do Sacramento do Matrimônio, do amor entre as pessoas, da importância em valorizar o ser homem e o ser mulher. Dentro de nós existe um grande desejo que nos move para o outro. Este desejo pode ser usado para expressar o amor ou o desamor. Homens e mulheres, todos, somos movidos por esta mesma energia. Ela se expressa de modos diversos, segundo o ambiente social, cultural, valores, credos e costumes.

❯ Sob a orientação do catequista, formar grupos e realizar a atividade solicitada.

2 Jesus Verdade! Ajuda-me a conhecer a Tua Palavra

❯ Leitura do texto bíblico: Gn 1,27-28.
❯ Para refletir e partilhar:
  - Reler o texto e refletir comentando com os colegas a partir das seguintes questões:
    · O que Deus criou?
    · Qual a missão que receberam?
    · O que significa afirmar: "o homem e a mulher são imagens de Deus"?

3 Jesus Caminho! Abre meu coração para acolher a Tua vontade

❯ O que nos ensina a Palavra de Deus que ouvimos?
❯ O que diz para as nossas famílias?

- Para conversar:
  - Nossas famílias vivem conforme o desejo de Deus?
  - Quando as famílias expressam ser imagem de Deus?
  - Que dificuldades enfrentam as famílias?

4 Jesus Vida! Fortalece a minha vontade para viver a Tua Palavra

- Diante da Palavra de Deus e das fotos de família que cada um trouxe para o encontro, fazer uma oração pessoal no silêncio do seu coração.

5 Compromisso

- Conversar com os pais: Como foi que eles se conheceram? Como foi o namoro? O casamento?
- Procurar saber na paróquia: Como são preparadas as pessoas para o casamento? Existem encontros de preparação para o matrimônio? Como são orientados?

6 Compreendendo a missa

Ritos Finais: Como o próprio nome expressa, os ritos finais concluem a celebração eucarística. O sentido desse rito é enviar o povo de Deus em missão para que seja sinal de comunhão e salvação de toda a humanidade (cf. LG 1). A palavra celebrada não pode ser guardada mas transmitida às pessoas. Esses ritos são compostos pelos breves avisos, indicadores do engajamento na missão evangelizadora, a saudação e a benção do sacerdote sobre o povo, a despedida, o beijo e a inclinação ao altar como sinal de reverência ao próprio Cristo. A benção final, em nome da Santíssima Trindade, como também as palavras finais, coroam a ação litúrgica e expressam que o mistério celebrado continua no cotidiano da vida de cada pessoa.

Anotações Pessoais

23º Encontro

Confirmados no Espírito para sermos fortes diante nas adversidades da vida

Data / /

O sofrimento faz parte da vida humana. Ele não é um castigo de Deus e nem mesmo um caminho de revolta e desânimo. Jesus, que viveu o sofrimento humano em sua vida terrena, santificou nossas dores e deu ao sofrimento um sentido redentor. Quem aceita o sofrimento com um coração generoso, se enche de paz interior. Jesus veio para salvar e curar as pessoas de todo tipo de mal e doença. Para Ele, a vida vale mais do que qualquer lei, ordem ou cultura. Jesus vê o sofrimento da pessoa e não fica indiferente. Assim também é a nossa Igreja, através do Sacramento da Unção dos enfermos. Nele buscamos a força para viver com serenidade as nossas doenças.

1 Momento de acolhida e oração

- Em oração silenciosa, agradecer a Deus pela semana que passou e pedir luzes para o encontro de hoje cantando o sinal da cruz.

2 Jesus Verdade! Ajuda-me a conhecer a Tua Palavra

❯ Aclamar a Palavra de Deus, cantando.

❯ Leitura do texto bíblico: Mc 2,1-12.

❯ Para refletir e partilhar:

- Que personagens aparecem no texto?

- O que cada um faz?

- Por que a atitude de Jesus incomoda alguns doutores da lei?

- Destacar as frases que mais chamam sua atenção.

3 Jesus Caminho! Abre meu coração para acolher a Tua vontade

❯ Para refletir e escrever:

- O que esta palavra de Deus nos ensina?

- Quais foram os três maiores sofrimentos que você já passou? Como conseguiu vencê-los?

4 Jesus Vida! Fortalece a minha vontade para viver a Tua Palavra

❯ Rezar juntos o salmo 23 – O Senhor é meu pastor, nada me faltará.

5 Compromisso

- Visitar uma pessoa doente durante a semana na família ou no hospital, levando alegria, conforto, uma palavra amiga.

6 Compreendendo a missa

Sinais e símbolos litúrgicos: A comunicação humana acontece pelo uso de palavras, símbolos, gestos, sinais e posturas do corpo humano, que traduzem um estado de espírito ou revelam algo sobre a pessoa. O símbolo tem a capacidade de comunicar e interligar a história, os sentimentos, os afetos e os conhecimentos de uma pessoa, com um conteúdo a transmitir. A celebração litúrgica utiliza um conjunto de sinais e símbolos que expressam o mistério cristão, a Páscoa de Cristo. A palavra símbolo, do grego, significa unir partes, visível e invisível. Então afirmamos que a liturgia é uma ação simbólica. Para compreender um símbolo é necessário deixar--se envolver por ele. O corpo, a mente e o coração devem estar integrados e concentrados para captar a mensagem do símbolo e mergulhar no mistério.

Anotações Pessoais

24º Encontro

Confirmados no Espírito somos jovens cristãos

Aquele que confirma sua fé e acolhe o Espírito Santo, dom de Deus, assume características que o diferencia dos demais jovens. A partir deste compromisso, viverá intensamente e com alegria sua vida. Fará suas opções e escolhas tendo como critério a conquista da dignidade e a fé.

1 Momento de acolhida e oração

- Iniciar com o sinal da cruz.
- Iniciando a conversa:
    - Retomar o compromisso assumido no encontro anterior.

Este encontro nos convida a olharmos o presente e percebermos qual futuro queremos construir. Nós nascemos do amor de Deus e Ele nos quer felizes, isto é, pessoas realizadas e livres para nos tornarmos à sua imagem e semelhança.

Vivemos num mundo onde nos oferecem boas oportunidades. O ser humano evoluiu muito nestes últimos tempos. A cada momento, novidades são oferecidas para nós. Diante disso, podemos nos perguntar:

- Precisamos de tudo o que o mundo oferece para sermos felizes?

2 Jesus Verdade! Ajuda-me a conhecer a Tua Palavra

❯ Leitura do texto bíblico: Mt 19,16-26.

❯ Para refletir e partilhar:

- Que personagens aparecem no texto?
- Qual é a preocupação do jovem?
- O que é necessário fazer para possuir a vida eterna?
- Qual é a preocupação dos discípulos?

3 Jesus Caminho! Abre meu coração para acolher a Tua vontade

❯ Diante do mundo que vivemos, o que Jesus nos diz que é necessário para ser feliz?

❯ O que esta Palavra de Deus fala para nós, jovens, em relação ao mundo de hoje?

4 Jesus Vida! Fortalece a minha vontade para viver a Tua Palavra

❯ Em forma de ladainha, rezar e a cada invocação responder:
Lembrai-vos, Senhor.

Pelos jovens desanimados...
Pelos jovens abandonados...
Pelos jovens tristes, doentes, sem esperança...
Pelos jovens drogados...
Pelos jovens sem família...

Pelos jovens que esqueceram de Deus...
Pelos jovens que não têm fé...
Pelos jovens que têm sonhos de construir um futuro melhor...
Pelos jovens estudantes...
Pelos jovens trabalhadores...

Acrescentar outras preces espontâneas.

❥ Glorificar a Deus pelas coisas boas e pelos valores que cultivamos e nos levam à vida plena, rezando: Glória ao Pai...

5 Compromisso

❥ Diante dos valores que falamos, cada catequizando escolhe um para viver com mais intensidade durante a semana.

❥ Procurar algum amigo, colega, jovem que está sozinho, triste sem perspectiva de vida e tentar se aproximar, tornar-se amigo, devolver a alegria e a esperança.

6 Compreendendo a missa

O ambão: Deus serve sua Palavra em uma mesa. Essa mesa especial se chama ambão, a mesa da Palavra. Quando seu povo estava no deserto, o alimentou com o maná. Depois, enviou do céu o pão da vida, seu Filho. A liturgia é o grande momento do banquete celestial em que a mesa está posta com esse pão. A Igreja distribui o pão da Palavra e do Corpo de Cristo para todos os fiéis. Não falta alimento para ninguém. A sacralidade do ambão é ressaltada pela limitação de ações rituais que nele podem ser realizadas e pelas pessoas que estão aptas a realizá-las. Dado que o ambão é o lugar onde os ministros proclamam a Palavra de Deus, reserva-se por sua natureza às leituras, ao salmo responsorial e ao precônio pascal. A homilia e a oração dos fiéis podem ser pronunciadas do ambão, já que estão intimamente ligadas a toda a liturgia da Palavra. Não é conveniente que subam ao ambão outras pessoas, como o comentarista, o cantor, o dirigente do coro (ELM 33). Desenvolvem-se nele ações simbolicamente interligadas com a Palavra que dele ganhou vida. Não teria sentido dar avisos comunitários do ambão. É terra santa. É o lugar onde se anuncia a ressurreição.

Anotações Pessoais

Data   /   /

Meu projeto de vida

Deus garante a sua presença constante em nossa vida, mas exige da nossa parte um esforço para seguirmos os seus mandamentos e assim vivermos na lei do amor. Deus não obriga ninguém a viver o seu projeto, nos deixa livres para escolher.

1 Momento de acolhida e oração

- Iniciar com o sinal da cruz.
- Iniciando a conversa:

Estamos concluindo mais uma etapa da nossa caminhada na fé. É chegado o momento de projetarmos a nossa vida. O que está buscando para sua vida? Que sonhos tem?

- Com a orientação do catequista, participe da dinâmica proposta.

2 Jesus Verdade! Ajuda-me a conhecer a Tua Palavra

- Leitura do texto bíblico: Dt 30,15-20.
- Para refletir e partilhar:
  - Que projetos Deus apresenta ao ser humano?
  - O que é necessário fazer para vivê-los?

3 Jesus Caminho! Abre meu coração para acolher a Tua vontade

- O que a Palavra de Deus nos ensina?

- Qual o projeto que somos convidados a viver, conforme Deus?

4 Jesus Vida! Fortalece a minha vontade para viver a Tua Palavra

- Atender a orientação do catequista para a finalização da dinâmica.
- Concluir com a oração do Pai-Nosso, juntos e de mãos dadas.

5 Compromisso

- Reler o texto bíblico.
  - O que você vai fazer para concretizar o seu projeto de vida?

6 Compreendendo a missa

O altar: O altar é a mesa preparada pelo Senhor para alimentar com alimento celeste seus filhos. Em uma das preces de dedicação do rito de benção de um altar se pede: Seja este altar a mesa festiva, para onde os convivas de Cristo acorram alegres e, colocando em vossas mãos cuidados e trabalhos, se reanimem como novo vigor para a retomada do caminho. É a mesa onde o sacrifício da cruz se torna presente sob os sinais sacramentais (IGMR 259) e também a mesa do banquete pascal. Ao entrar em uma Igreja, a primeira coisa a se identificar é seu centro, o altar, a ara, a pedra do sacrifício e de ação de graças em torno do qual todos os ritos e Sacramentos, de algum modo convergem. O altar é Cristo mesmo. Junto com o altar e o ambão, tem--se a sedia e a cadeira do presidente da celebração, que constituem o presbitério, lugar mais elevado e de visibilidade de todos os fiéis.

Anotações Pessoais

Data / /

26º Encontro — Jovem cristão evangeliza jovem

Um (a) jovem que participou da catequese da Iniciação à Vida Cristã, como todos os jovens, deve ter um ideal de vida. A diferença está, porém, em fazer seu caminho, tendo presente os valores cristãos. Um projeto de vida tem que ter como fundamento Jesus Cristo e seu Evangelho. Nascemos do amor de Deus. Temos uma missão que é somente nossa. Existem outros jovens que buscam o seu lugar no mundo e querem contribuir na construção de um mundo melhor.

1 Momento de acolhida e oração

- Iniciar com o sinal da cruz.
- Rezar juntos a oração ao Espírito Santo.

2 Jesus Verdade! Ajuda-me a conhecer a Tua Palavra

- Leitura do texto bíblico: Jr 1,4-10.
- Reler com atenção o texto, destacando os aspectos importantes do diálogo entre Deus e Jeremias.

❯ Para refletir e partilhar:

- Qual a missão que Jeremias recebe de Deus?

3 Jesus Caminho! Abre meu coração para acolher a Tua vontade

❯ Diante da Palavra de Deus e dos testemunhos apresentados, que apelo Deus faz para mim?

❯ Escreva uma oração dizendo o apelo e seu compromisso diante de Deus, no cartão preparado pelo catequista.

4 Jesus Vida! Fortalece a minha vontade para viver a Tua Palavra

❯ Ao redor da Palavra de Deus, cada um faz a prece que escreveu. Depois, coloca no seu envelope próximo a Palavra. Quando todos do grupo tiverem concluído, estendem a mão direita em direção à Palavra e rezam, juntos:

Senhor Jesus Cristo, dignai abençoar estes envelopes para que eles sejam testemunhas da aliança que fazemos convosco. Dai a cada um de nós a fidelidade necessária para levar adiante o apelo e compromisso que selamos convosco. Amém.

❯ Rezar a oração do Pai-Nosso.

5 Compromisso

❯ Levar para casa seu compromisso e procurar vivê-lo. Procurar se engajar no grupo de jovens da comunidade, da paróquia ou algum serviço.

6 Compreendendo a missa

O pão e o vinho. Comer e beber constitui uma das maiores experiências humanas. O pão, fruto da terra e do trabalho humano, faz parte da criação, fruto da bondade de Deus, como o vinho, símbolo de festa e da vida nova (cf. Jo 2. 1-10). São dons de Deus. Na apresentação do cálice, o sacerdote diz: "Bendito sejais, Senhor Deus do universo, pelo vinho que recebemos de vossa bondade, fruto da videira e do trabalho humano, que agora vos apresentamos e que para nós vai se tornar vinho da salvação". (Toda a criação é ofertada a Deus.)

A união entre divindade e humanidade é perfeitamente expressa na oração que o sacerdote ou o diácono faz na mistura da água no vinho: Pelo mistério desta água e deste vinho possamos participar da divindade do vosso filho, que se dignou assumir a nossa humanidade (MR p. 403). A tradição atribui ao vinho, Cristo, e à água, a humanidade. Jesus assume o pão e o vinho, frutos da criação e da cultura humana e lhes dá outro significado, transcendendo-os. Chama-se a si mesmo de pão da vida (cf. Jo 6,35). Eu sou o pão vivo descido do céu. Quem comer deste pão viverá para sempre. O pão que eu darei é a minha carne para a vida do mundo (Jo 6, 51). O pão é o seu corpo dado pelos pecadores, e o vinho, o sangue da nova aliança (cf. Lc 22, 19-20; 1Cor 11, 23-26). O pão e o vinho prefiguram o banquete celeste.

Anotações Pessoais

Anexos

ENCONTROS COMPLEMENTARES

Data   /   /

1º Encontro

Projeto pessoal de vida

O projeto pessoal de vida é essencial para todas as pessoas, e para a vida do jovem. Guia nas escolhas que faz no seu dia a dia. O de projeto de vida é importante para continuar a afirmar a vida como cristãos. A pessoa de Jesus é referência fundamental na vida de um cristão, assim como a fundamentação de todo o projeto de vida.

Shutterstock

1 Momento de acolhida e oração

- Iniciar com o sinal da cruz.
- Iniciando a conversa:

Neste encontro, o assunto é sobre o projeto pessoal de vida e sua importância para a pessoa humana. Trata-se da organização coerente da vida de uma pessoa que, partindo da realidade em que se encontra, ajuda a tomar decisões, definir os passos a serem dados, em vista do ideal que deseja, segundo a vontade de Deus e os princípios cristãos. Todos precisamos ter um projeto para a vida, para atingir os objetivos, concretizar os sonhos, desenvolver o potencial pessoal, organizar e canalizar os dons que recebemos.

2 Jesus Verdade! Ajuda-me a conhecer a Tua Palavra

- Leitura do texto bíblico: Mt 7, 24-27.
- Reler individualmente o mesmo texto.
- Para refletir e partilhar:
  - O que o texto diz?
  - Destacar os verbos presentes no texto.
  - Cada um partilha o que mais chamou a sua atenção.

3 Jesus Caminho! Abre meu coração para acolher a Tua vontade

- Para pensar e responder:
  - O que Jesus diz na Palavra?
  - Como devemos proceder para construir o projeto segundo o Evangelho? Seguir as orientações do catequista para realizar uma proposta de seu projeto de vida.

4 Jesus Vida! Fortalece a minha vontade para viver a Tua Palavra

O Evangelho de Mateus apresenta que a vida deve ser construída com alicerces firmes na Palavra de Deus. Todos nós somos provocados a fazer escolhas para seguir o projeto de Jesus.

❯ Participe da dinâmica de oração que seu catequista irá propor.

❯ Concluir, rezando juntos:

Agradeço ao Senhor pelas luzes que me deu para escolher a maneira de seguir mais a Jesus Cristo, no seu caminho. Ofereço o meu projeto de vida ao Senhor, pedindo a graça do Espírito Santo, por meio de Maria nossa mãe, para levá-lo à pratica. Peço ao Senhor que confirme esse projeto. Amém

❯ Rezar o Pai-Nosso.

5 Compromisso

❯ Com calma, durante a semana, em um ambiente de silêncio e de oração, refazer o próprio projeto de vida, destacando aspectos que não apareceram no projeto que foi realizado no encontro. Podemos seguir esta proposta?

❯ Inicie revendo os aspectos mais importantes de sua vida: personalidade, família, estudos, trabalho, amizades, namoro, a comunidade e a sociedade em geral e responda, mentalmente:

- O que tenho de começar a fazer, já?

- O que tenho de deixar de fazer, já?

❯ Em seguida, pegue sua agenda ou caderno e de forma mais sistemática, responda às questões que propomos:

- Quem eu sou? Características, valores, potencialidades, limites, condições de vida etc.

- Quem é Deus? Qual o rosto/imagem/experiência/visão de Deus que a minha vida deixa transparecer?

- Em quais pessoas, de casa e da comunidade, confio? De quais lutas e causas participo? De quais quero participar?

- Qual é o meu compromisso com a natureza? Que sinais concretos devo dar na vida, no cotidiano, para amar a criação?

- Liste os recursos e pessoas que você poderá consultar para ajudar a realizar o seu projeto. Estabeleça metas a curto e médio prazo. "Eis que faço novas todas as coisas". Fica esta certeza.

❯ Agora é cabeça e mãos a pensar e a escrever. Não perca tempo, comece agora a fazer esse caminho rumo a horizontes do encontro consigo mesmo e com todas as pessoas que sonham e lutam pela vida e a querem, cada vez mais bonita.

❯ Retomar o projeto pessoal de vida e anotar as conquistas que realizou no dia a dia.

Anotações Pessoais

Data   /   /

Projeto pessoal de vida e opção vocacional

No projeto pessoal de vida, um dos aspectos importantes é a opção vocacional. Ela é parte fundamental do projeto da pessoa humana, é determinante na conquista da felicidade e da realização humana.

1 Momento de acolhida e oração

- Iniciar o encontro com o sinal da cruz.
- Iniciando a conversa:

O projeto de vida é a organização coerente em nossa vida. Toda a pessoa é chamada à vida com uma missão especifica. O projeto de vida é um apelo a olhar onde Deus me chama. Serve-se de muitos meios, como: pessoas, acontecimentos, fatos, inspirações, momentos de oração. Isto favorece para um discernimento vocacional, ou seja, para assumir uma opção de vida como leigo, irmão, irmã, padre.

MINISTÉRIOS LEIGOS: Pessoas solteiras ou casadas, são chamadas a viver o Evangelho nas realidades do mundo da família, da cultura, na economia, na arte, na educação, na saúde, na política, nas profissões. Desempenham funções específicas, ministérios ou serviços na Igreja, como a catequese, a liturgia, o conforto aos doentes e necessitados, atuam nas pastorais e nas comunidades.

VIDA CONSAGRADA: Pessoas chamadas a testemunhar Jesus Cristo, consagrando sua vida na vivência dos valores humanos e cristãos. A missão é viver total disponibilidade para Deus e para a Igreja na partilha dos dons, vivendo em comunidades, conforme um carisma próprio. Dessa forma, existem na Igreja diferentes Institutos, Congregações e Sociedades de Vida Apostólica.

MINISTÉRIOS ORDENADOS: Na Igreja, alguns são chamados a servir a Deus e ao povo como diáconos, padres e bispos. Através do Sacramento da Ordem, o padre é ministro da palavra de Deus e do perdão, preside a celebração da Eucaristia. É o primeiro animador da comunidade, colaborando na formação, organização da vida e animação fé. Atua em paróquias.

Chamados pelo batismo à vocação cristã, pertencemos a uma Igreja missionária e aberta a todos. O serviço missionário é realizado por todos (padres, leigos, consagrados e consagradas). A Boa Nova de Jesus, o alegre anúncio da Salvação, dirige-se para todos os povos, nações, raças, língua e culturas.

2 Jesus Verdade! Ajuda-me a conhecer a Tua Palavra

- Leitura do texto bíblico: Mt 9, 9-13.
- Ler individualmente o mesmo texto.
- Para refletir e partilhar:
  - O que o texto diz?
  - Destacar os personagens e os verbos presentes no texto.
  - Cada um partilha o que mais chamou a sua atenção.

3 Jesus Caminho! Abre meu coração para acolher a Tua vontade

- Para refletir e responder:
  - O que Jesus diz em sua palavra?
  - Qual é a atitude dos discípulos ao escutar o chamado do Mestre?
  - E nós, como seguimos Jesus Cristo?
  - O que devemos deixar e o que devemos abraçar para seguir Jesus Cristo?

_____
_____
_____
_____
_____
_____
_____
_____
_____

- Dinâmica: Projeto de vida

1º Passo: Escolha uma palavra chave ou uma frase da Bíblia que represente o centro do seu projeto de vida.

2º Passo: Algumas perguntas que podem ajudar:

☆ Que decisões, atitude e ações concretas você pretende tomar nos seguintes aspectos:

1. Relacionamento familiar

2. Vida de estudo/ esporte e preparação profissional

3. Relacionamento afetivo/sexual

4. Com relação à vocação

5. Vida da Igreja e serviço pastoral	6. Relacionamento com Deus

4 | Jesus Vida! Fortalece a minha vontade para viver a Tua Palavra

❧ Atender à orientação do catequista para a dinâmica que ajudará fortalecer sua vontade de viver segundo a proposta de Jesus e depois rezar juntos:

Obrigado, Senhor, pelas luzes que me deu para escolher a maneira de seguir melhor o caminho de Jesus Cristo. Ofereço o meu projeto de vida ao Senhor, pedindo a graça do Espírito Santo por meio de Maria, nossa mãe, para levá-lo à pratica. Peço ao Senhor que confirme esse projeto. Amém.

❧ Rezar juntos, de mãos dadas, o Pai-Nosso.

5 | Compromisso

❧ Com calma, durante a semana, em um ambiente de silêncio e de oração, refazer o próprio projeto de vida. Destacar aspectos que não apareceram no projeto que foi realizado no encontro. Retomar o projeto pessoal de vida e anotar as conquistas que realizou no dia a dia.

Anotações Pessoais

Dízimo, caminho de conversão

Para assumir realmente a prática do dízimo, muitas vezes, exige-se da pessoa um caminho de conversão, de mudança de mentalidade, de atitudes, de compreensão. O dízimo é uma verdadeira comunhão de bens. Não é caridade e nem esmola. Por isso, o dízimo não faz bem somente aos outros, ao próximo, mas à pessoa mesma. É a cura do coração.

1 Momento de acolhida e oração

- Iniciar com o sinal da cruz e o salmo de louvor que o catequista propor.

2 Jesus Verdade! Ajuda-me a conhecer a Tua Palavra

- Leitura dos textos bíblicos: Lc 2,22-24; Lc 10,21; Lc 21,1-4; Lc 12,32-3.
- Reler os textos.

❯ Para refletir e partilhar:

- O que dizem os textos?

- Destacar as expressões e palavras que chamam a atenção.

3 Jesus Caminho! Abre meu coração para acolher a Tua vontade

❯ Para refletir e responder:

- Qual a experiência que nós temos em relação ao dízimo?

- Como nossas famílias vivem esta dimensão e participação?

- O que a Palavra de Deus nos diz?

_____

_____

_____

_____

_____

_____

_____

_____

_____

_____

4 Jesus Vida! Fortalece a minha vontade para viver a Tua Palavra

❯ O que a Palavra e este encontro me fazem dizer a Deus?

_____

_____

_____

_____

_____

_____

- Rezar juntos o Salmo 48.
- Rezar juntos o Pai-Nosso.

5 Compromisso

- Conversar em casa, com a família, sobre este encontro do dízimo. Como está sendo nossa participação e compreensão do valor e importância que tem o dízimo diante de Deus e da comunidade?
- Escolher uma expressão ou atitude dos textos bíblicos refletidos hoje, para ser vivida no dia a dia.

Anotações Pessoais

ORAÇÕES DO CRISTÃO

Pelo sinal da santa cruz, livrai-nos Deus, Nosso Senhor, dos nossos inimigos. Em Nome do Pai e do Filho e do Espírito Santo. Amém!

Oferecimento do dia

Adoro-vos, meu Deus, amo-vos de todo o meu coração. Agradeço-vos porque me criastes, me fizestes cristão, me conservastes a vida e a saúde. Ofereço-vos o meu dia: que todas as minhas ações correspondam à vossa vontade, e que eu faça tudo para a vossa glória e a paz dos homens. Livrai-me do pecado, do perigo e de todo mal. Que a vossa graça, bênção, luz e presença permaneçam sempre comigo e com todos aqueles que eu amo. Amém!

Pai-Nosso

Pai nosso que estais nos céus, santificado seja o vosso nome; venha a nós o vosso reino, seja feita a vossa vontade, assim na terra como no céu.

O pão nosso de cada dia nos dai hoje; perdoai-nos as nossas ofensas, assim como nós perdoamos a quem nos tem ofendido; e não nos deixeis cair em tentação, mas livrai-nos do mal. Amém!

Ave-Maria

Ave Maria, cheia de graça, o Senhor é convosco; bendita sois vós entre as mulheres, e bendito é o fruto do vosso ventre, Jesus. Santa Maria, Mãe de Deus, rogai por nós, pecadores, agora e na hora de nossa morte. Amém!

Glória ao Pai e ao Filho e ao Espírito Santo. Como era no princípio, agora e sempre. Amém!

Salve Rainha

Salve, Rainha, Mãe de misericórdia, vida, doçura e esperança nossa, salve! A vós bradamos os degredados filhos de Eva. A vós suspiramos, gemendo e chorando neste vale de lágrimas. Eia, pois, advogada nossa, esses vossos olhos misericordiosos a nós volvei, e depois deste desterro, mostrai-nos Jesus, bendito fruto do vosso ventre, ó clemente, ó piedosa, ó doce e sempre Virgem Maria.

– Rogai por nós, Santa Mãe de Deus!

– Para que sejamos dignos das promessas de Cristo. Amém!

Saudação à Nossa Senhora (no tempo comum)

– O anjo do Senhor anunciou a Maria.

– E ela concebeu do Espírito Santo.

Ave Maria...

– Eis aqui a serva do Senhor.

– Faça-se em mim segundo a vossa Palavra.

Ave Maria...

– E o Verbo se fez carne.

– E habitou entre nós.

Ave, Maria...

– Rogai por nós, Santa Mãe de Deus.

– Para que sejamos dignos das promessas de Cristo.

Oremos: Infundi, Senhor, como vos pedimos, a vossa graça em nossas almas, para que nós, que pela anunciação do anjo viemos ao conhecimento da encarnação de Jesus Cristo, vosso Filho, por sua paixão e morte sejamos conduzidos à glória da ressurreição. Pelo mesmo Cristo, Senhor nosso. Amém!

Para o Tempo Pascal REGINA COELI (Rainha do Céu)

– Rainha do céu, alegrai-vos, aleluia.

– Porque quem merecestes trazer em vosso puríssimo seio, aleluia.

–Ressuscitou como disse, aleluia.

– Rogai por nós a Deus, aleluia.

– Exultai e alegrai-vos, ó Virgem Maria, aleluia.

– Porque o Senhor ressuscitou verdadeiramente, aleluia.

Oremos: Ó Deus, que vos dignastes alegrar o mundo com a ressurreição do vosso Filho Jesus Cristo, Senhor nosso, concedei- nos, vo-lo suplicamos, que por sua Mãe, a Virgem Maria, alcancemos os prazeres da vida eterna. Pelo mesmo Senhor Jesus Cristo. Amém!

ANJO DE DEUS, que sois a minha guarda, e a quem fui confiado por celestial piedade, iluminai-me, guardai-me, protegei-me, governai-me. Amém!

Anjo da Guarda

Santo Anjo do Senhor, meu zeloso guardador, se a ti me confiou a piedade divina, sempre me rege, guarda, governa e ilumina. Amém!

Credo

Creio em Deus Pai todo-poderoso, criador do céu e da terra; e em Jesus Cristo, seu único Filho, nosso Senhor; que foi concebido pelo poder do Espírito Santo; nasceu da Vigem Maria, padeceu sob Pôncio Pilatos, foi crucificado, morto e sepultado. Desceu à mansão dos mortos; ressuscitou ao terceiro dia; subiu aos céus, está sentado à direita de Deus Pai todo-poderoso, donde há de vir a julgar os vivos e os mortos. Creio no Espírito Santo, na Santa Igreja Católica, na comunhão do santos, na remissão dos pecados, na ressurreição da carne, na vida eterna. Amém!

Oração para viver bem o dia

Maria, minha querida e terna mãe, colocai vossa mão sobre a minha cabeça. Guardai a minha mente, meu coração e meus sentidos, para que eu possa agradar a vós e ao vosso Jesus e meu Deus e, assim, possa partilhar da vossa felicidade no céu. Jesus e Maria, dai-me a vossa bênção: Em nome do Pai e do Filho e do Espírito Santo. Amém!

Ato de contrição I

Meu Deus, eu me arrependo de todo o coração de vos ter ofendido, porque sois tão bom e amável. Prometo, com a vossa graça, nunca mais pecar. Meu Jesus, misericórdia!

Ato de contrição II

Senhor, eu me arrependo sinceramente de todo mal que pratiquei e do bem que deixei de fazer. Pecando, eu vos ofendi, meu Deus e Sumo Bem, digno de ser amado sobre todas as coisas. Prometo, firmemente, ajudado com a vossa graça, fazer penitência e fugir das ocasiões de pecar. Senhor, tende piedade de mim, pelos méritos da paixão, morte e ressurreição de Jesus Cristo, Nosso Salvador. Amém!

Oração pela família

Pai, que nos protegeis e que nos destes a vida para participarmos de vossa felicidade, agradecemos o amparo que os pais nos deram desde o nascimento. Hoje queremos vos pedir pelas famílias, para que vivam na união e na alegria cristãs. Protegei nossos lares do mal e dos perigos que ameaçam a sua unidade. Pedimos para que o amor não desapareça nunca, e que os princípios do Evangelho sejam a norma de vida. Pedimos pelos lares em dificuldades, em desunião e em perigo de sucumbir, para que, lembrados do compromisso assumido na fé, encontrem o caminho do perdão, da alegria e da doação. A exemplo de São José, Maria Santíssima e Jesus, sejam nossas famílias uma pequena Igreja, onde se viva o amor. Amém!

Invocação ao Espírito Santo

Vinde, Espírito Santo, enchei os corações dos vossos fiéis e acendei neles o fogo do vosso amor. Enviai o vosso Espírito e tudo será criado, e renovareis a face da Terra.

Oremos: Deus, que instruístes os corações dos vossos fiéis com a luz do Espírito Santo, fazei que apreciemos retamente todas as coisas segundo o mesmo Espírito, e gozemos sempre de sua consolação. Por Cristo, Senhor Nosso. Amém!

Consagração a Nossa Senhora

Ó Senhora minha, ó minha Mãe, eu me ofereço todo(a) a vós, e em prova da minha devoção para convosco vos consagro neste dia e para sempre, os meus olhos, os meus ouvidos, a minha boca, o meu coração e inteiramente todo o meu ser. E porque assim sou vosso(a), ó incomparável Mãe, guardai-me e defendei-me como coisa e propriedade vossa.

Oração pelas vocações

Jesus, Divino Mestre, que chamastes os apóstolos a vos seguirem, continuai a passar pelos nossos caminhos, pelas nossas famílias, pelas nossas escolas e continuai a repetir o convite a muitos dos nossos jovens. Dai coragem às pessoas convidadas. Dai força para que vos sejam fiéis como apóstolos leigos, como sacerdotes, como religiosos e religiosas, para o bem do povo de Deus e de toda a humanidade. Amém!

Mandamentos

Os dez mandamentos da lei de Deus são:

1. Amar a Deus sobre todas as coisas.

2. Não tomar seu santo Nome em vão.

3. Guardar domingos e festas.

4. Honrar pai e mãe.

5. Não matar.

6. Não pecar contra a castidade.

7. Não furtar.

8. Não levantar falso testemunho.

9. Não desejar a mulher do próximo.

10. Não cobiçar as coisas alheias.

Os mandamentos da Igreja são:

1. Participar da missa nos domingos e nas festas de guarda.

2. Confessar-se ao menos uma vez ao ano.

3. Comungar ao menos na Páscoa da ressurreição.

4. Jejuar e abster-se de carne conforme manda a Igreja.

5. Contribuir com o dízimo e ajudar a Igreja em suas necessidades.

Os mandamentos da caridade são:

1. Amarás ao Senhor teu Deus, de todo o teu coração, de toda a tua alma e de toda a tua mente.

2. Amarás o teu próximo como a ti mesmo.

Pecados Capitais

Os sete pecados capitais são:

1. Gula
2. Vaidade
3. Luxúria
4. Avareza
5. Preguiça
6. Cobiça
7. Ira

Sacramentos

Os sete Sacramentos são:

1. Batismo
2. Crisma ou Confirmação
3. Eucaristia
4. Penitência ou Reconciliação
5. Ordem ou Sacerdócio
6. Matrimônio
7. Unção dos Enfermos

Anotações Pessoais

Anotações Pessoais

Anotações Pessoais

Anotações Pessoais

Anotações Pessoais

Conecte-se conosco:

 facebook.com/editoravozes

 @editoravozes

 @editora_vozes

 youtube.com/editoravozes

 +55 24 99267-9864

www.vozes.com.br

Conheça nossas lojas:
www.livrariavozes.com.br

Belo Horizonte – Brasília – Campinas – Cuiabá – Curitiba
Fortaleza – Juiz de Fora – Petrópolis – Recife – São Paulo

EDITORA VOZES LTDA.
Rua Frei Luís, 100 – Centro – Cep 25689-900 – Petrópolis, RJ
Tel.: (24) 2233-9000 – E-mail: vendas@vozes.com.br